全民经典阅读

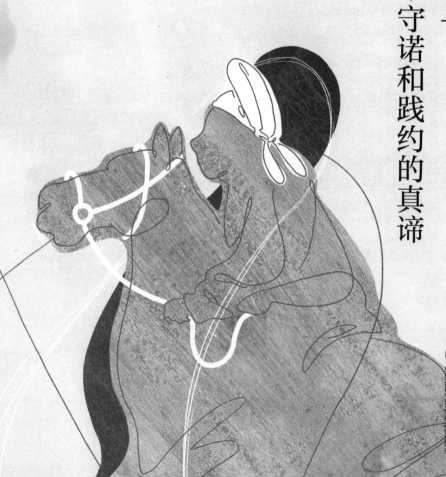

表里如一

——守诺和践约的真谛

唐德群——主编

成都地图出版社
CHENGDU DITU CHUBANSHE

图书在版编目（CIP）数据

表里如一：守诺和践约的真谛 / 唐德群主编 .
成都：成都地图出版社有限公司，2024.7. –– ISBN
978–7–5557–2572–5

Ⅰ. D648–49

中国国家版本馆 CIP 数据核字第 202427HV01 号

表里如一——守诺和践约的真谛
BIAOLIRUYI——SHOUNUO HE JIANYUE DE ZHENDI

主　　编：唐德群
责任编辑：王　颖
封面设计：李　超

出版发行：成都地图出版社有限公司
地　　址：四川省成都市龙泉驿区建设路 2 号
邮政编码：610100

印　　刷：三河市人民印务有限公司
（如发现印装质量问题，影响阅读，请与印刷厂商联系调换）

开　　本：710mm × 1000mm　1/16
印　　张：10　　　　　　　　字　　数：140 千字
版　　次：2024 年 7 月第 1 版
印　　次：2024 年 7 月第 1 次印刷
书　　号：ISBN 978–7–5557–2572–5

定　　价：49.80 元

前　言

　　言行一致是做人的基本准则之一。

　　言行一致是指说的和做的完全一个样。言行一致是人类社会共同遵守的一项基本行为准则，也是当前我国社会政治、经济、文化、司法、教育等活动中的一条重要原则。言行一致，换言之，也就是要讲诚信。古人云："行不率则众不从，身不先则众不信。""人而无信，不知其可也。"社会能否和谐，国家能否长治久安，很大程度上取决于全社会成员的诚信素质和诚信意识。

　　言行一致的思想博大精深、丰富多彩，涉及修身、齐家、治国、平天下，形成了"人无诚信不立，家无诚信不睦，业无诚信不旺，国无诚信不稳，世无诚信不宁"的完整的理论体系，渗透到我们生活的方方面面。

　　言行一致于国家而言，就是执政者要政出必行，违法必究，执法必严，以信取民，以信立国。信，国之宝也。诚信作为一种为政之道，自古被认为是治国安邦的法宝，为历代统治者所重视，政令信者强，政令不信者弱。先秦时，商鞅为了变法而"立木取信"；东汉末年，曹操为了令行禁止，"割发代首"；隋文帝为了取信于民，严惩恶子，感召天下……这些都说明言行一致是立国之本、执政之基，是一个国家政治稳定的基础。统治者是否言行一致，是否讲诚信，是否取信于民，是国家生死存亡的重要因素。

　　言行一致于企业而言，就是要货真价实，公平交易，童叟无欺。只有这样，企业才能树立良好的信誉，尤其是在商品经济日益发展的今天。"一个企业要永续经营，首先要得到社会的承认、用户的承认。企业对用户真诚到永远，才有用户、社会对企业的回报，才能保

证企业向前发展。"可见，良好的信誉是企业生存的命脉。

言行一致于个人而言，乃是立身之本。做人就要言必信，行必果，说到做到，表里如一，在与人交往中形成良好的美德。在人的一生中，主要有两件事，一是做人，二是做事。古人说得好："所守者道义，所行者忠信，所惜者名节。"春秋时期，程婴言行一致，舍子救孤，大义凛然，彰显人性光辉；裴度拾金不昧，救人于危难，最终成为闻名天下的政治家……可见，古往今来，凡品德高尚、受人尊敬的人，都能身体力行地做到言行一致。倘若一个人没有诚信，那他在世上就无法立身，也难以成事。

在构建社会主义和谐社会的今天，言行一致也是社会主义道德建设的要求。为了更好地贯彻社会主义道德观和价值观，建设社会主义和谐社会，首先就要处理好人与人之间的关系，改善社会风气，形成"我为人人，人人为我"的社会风尚，使整个社会洋溢着和睦、和谐的氛围。

言行一致是现代社会生活中每个人的立身之本，是高尚的人格要求，是青少年思想道德发展的基本要求。少年兴则国兴，少年强则国强，少年有希望则国就有希望。青少年是国家的未来，肩负着社会主义建设的重任。青少年的信用意识如何，关系到和谐社会的建设。所以，青少年们要从小严格要求自己，从现在做起，从点滴做起，做一名合格的中学生。只有言行一致，才能立足于社会；只有言行一致，才能树立良好的形象；只有言行一致，才能赢得别人的信任。

本书精选了从古至今言行一致的美德故事，分为"守诺践约""以信立国""秉公执法""襟怀坦白""表里如一"五个章节。希望本书能够帮助青少年们养成言行一致的好习惯，做一个表里如一的人。让传统美德扎根于生活的沃土之中，开出更加绚烂的花朵，结出更加丰硕的果实。

目 录

第一章 守诺践约

第一章

守诺践约

周成王桐叶封弟

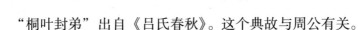

> 人而无信，不知其可也。
>
> ——孔子

"桐叶封弟"出自《吕氏春秋》。这个典故与周公有关。

周成王，周朝第二位君王，姓姬，名诵。他的父亲周武王去世时，他年纪还小，由他的叔父周公摄政。

周成王小的时候，有一天，他和与自己感情非常好的小弟弟叔虞在宫中的一棵桐树下玩耍。

忽然，一阵风吹来，桐树上的叶子纷纷飘落。周成王一时兴起，便从地上捡起一片桐树叶，用小刀切成一个"圭"（当时大臣们上朝时手中所持的礼器），并将它送给了叔虞。周成王以开玩笑的语气对叔虞说："我要把'唐'这块地封给你，你先把这个拿去吧！"

叔虞听到周成王这么说，随即欢欢喜喜地拿着这片用桐树叶做成的"圭"，跑去将此事告知他们的叔父周公。

当时，周公代替尚是稚龄的周成王执掌国政，听了叔虞的话，他便立刻换上礼服，赶到宫中向周成王道贺。周成王不解地问："叔父，你为什么要特地穿上礼服，赶来向我道贺呢？"面对周公的道贺，早已将封地之事忘得一干二净的周成王不禁一头雾水，不明所以。

周公微笑着对周成王解释道："我刚刚听说，你已经给你的小弟弟叔虞分封了土地，发生了这样的大事，我怎能不赶来道贺呢？"

"哦，那件事啊！"这才想起封地之事的周成王，忍不住哈哈大笑，说："我只不过是和叔虞闹着玩而已，不是真要分封他呀！"

不料，周成王的话刚说完，周公立即收起笑容，沉下脸对周成王说："无论是谁，说话都要言出必行。你身为天子，说话更是不能随随便便，当作是在开玩笑一样。如此，你才能得到百姓对你的信赖呀！倘使你总是罔顾信义，任意将自己说出口的话视为玩笑，这样，你还有资格做一国的天子吗？"周成王听了周公的话，下令择吉日为叔虞举行了封唐大典。

程婴舍子救孤儿

受人之托，终人之事。

——高则诚

程婴，春秋时期晋国人。他是晋灵公、晋成公在位时相国赵盾的门客，是个忠诚守信、言行一致之士。

公元前 621 年，晋襄公去世。次年，他几岁的儿子做了国君，就是晋灵公。晋灵公长大以后很不成器，终日吃喝玩乐不理朝政。他非常讨厌赵盾，因为赵盾是个忠诚老实的大臣，为了晋国的霸业，经常干涉晋灵公的行为。同朝大臣屠岸贾（gǔ）却百般奉迎，所以晋灵公很宠信他。在屠岸贾的怂恿下，晋灵公更加不务朝政，做事没有分寸。他用弹弓弹射行人，看他们惊恐躲避的样子取乐；对厨子稍不满意，他就把厨子大卸八块。对赵盾的耿耿劝谏，晋灵公非但不听，反而恨之入骨。他和屠岸贾多次设计杀害赵盾，但均因义士相救，未能得逞。后来，赵盾的叔伯兄弟赵穿用计把晋灵公杀了。

晋灵公死后，赵盾迎回晋襄公的弟弟、晋灵公的叔叔继位，是为晋成公。晋成公非常信任赵盾，还把自己的女儿庄姬嫁给了赵盾的儿子赵朔为妻。从此，赵家有了很大的权势。

晋成公去世以后，晋景公做了国君。晋景公非常傲慢，喜欢奉承，屠岸贾又得了宠。屠岸贾因为跟赵家有仇，就利用晋景公害怕赵家势力越来越大的心理，以赵穿刺杀晋灵公一事为罪名，把赵家满门抄斩。只有赵朔的妻子庄姬幸免，因为她是晋景公的妹妹。这时，庄姬已怀孕，晋景公说，要是生个男孩，就把他杀死，以免后患。于是，屠岸贾天天探听庄姬的消息。

赵家有两个门客，一个叫程婴，一个叫公孙杵臼，二人都是老相国赵盾信任的人。他们二人一心要救下庄姬的孩子，让这个孩子长大之后给赵家报仇。庄姬生下一个儿子，在田后的帮助下，被程婴救出宫去，而庄姬自缢身亡。屠岸贾暗中派人到后宫打探，听说庄姬生个女孩，并且生下来就死了。屠岸贾起了疑心，他得到晋景公的许可，亲自带人进宫去搜查这个孩子，但没有搜出来。他断定那个孩子一定是被偷出去了。为了斩草除根，屠岸贾发了一个通告："有报告赵家孩子去向的，赏黄金一千两。有敢偷藏的，全家

死罪。"同时，他派出许多人到处搜查，凡是有婴儿的人家，无一漏过，见到可疑的男婴，就一律杀掉。

在这种情况下，程婴和公孙杵臼赶紧商量对策。公孙杵臼问程婴说："抚养幼儿跟慷慨就义哪一件事难？"程婴说："死了倒是容易，抚养幼儿可就难了。"公孙杵臼说："那么，就请你承担那件难做的事，容易的事就让给我吧。"他决心以死来救下赵家孤儿，让程婴把这个孤儿抚养成人，将来为赵家报仇。程婴答应了，并把自己刚出生不久的儿子交给了公孙杵臼，换出了赵家孤儿，并假装去向屠岸贾告密。

程婴带着屠岸贾，在公孙杵臼家里搜出了婴儿。公孙杵臼高声大骂程婴："该死的东西！你还有良心吗？你我约定救护赵家孤儿，谁知你贪生怕死，背信弃义，出卖朋友，丧尽天良！你为了千金重赏，变成了畜牲！你怎么对得起赵家的冤魂？你怎么对得起天下的人？"程婴不敢开口，只能低着头流眼泪。屠岸贾当着他们的面将假孤儿摔死，并吩咐武士把公孙杵臼杀死。事后，屠岸贾赏给程婴一千两黄金。程婴流着泪说："小人只想自己免罪，保住自己的儿子，才告了密，并不是贪图重赏。现在我成了不仁不义之人，要是大人体谅小人的苦衷，就请把这些赏金拿去掩埋赵家孩子和公孙杵臼吧，小人感激不尽。"屠岸贾答应了他的请求。

程婴舍弃亲生儿子救了赵家孤儿，却在晋国上下留下骂名。程婴骗过屠岸贾，带着赵家孤儿，远走他乡，隐居起来。他忍辱负重15年，用自己的行动践行着当初的诺言，终于把赵家孤儿抚养成人，并帮助其练就了一身武艺。后来，在大夫韩厥等大臣的帮助下，赵家孤儿终于报了大仇，用屠岸贾的血祭奠了赵家的冤魂。这时，晋国上下才知道程婴的为人。从此，程婴忍辱负重、重义守信的美德广为流传。

守诺践约 第一章

5

季札挂剑还愿

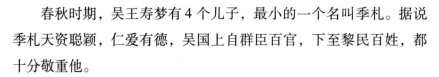

以信接人，天下信之；不以信接人，妻子疑之。

——杨泉

春秋时期，吴王寿梦有4个儿子，最小的一个名叫季札。据说季札天资聪颖，仁爱有德，吴国上自群臣百官，下至黎民百姓，都十分敬重他。

吴王寿梦临终前，很想把王位传给季札，大臣们也同意。可是季札坚决不接受，他说："我上面有三位哥哥，他们都是有才有德的人，怎么能够废弃年长而贤明的哥哥，立年幼而无才的弟弟做国君呢？"

寿梦无奈，只好把王位传给了季札的大哥。等到丧事办完，大哥带着大臣们来找季札，一定要把王位让给他。可是，他们扑了个空。原来，季札听说大哥要来让位，已经躲到一个偏僻的山村种地去了。

这以后，王位从大哥传到二哥，又从二哥传到三哥。每一次，他们都想让位给季札，而季札总是推辞不受。实在推辞不掉，季札就躲到别的国家去住一段时间，等哥哥当了国君，他才回来。季札为什么要这样做呢？一来，他是个诚实谦虚的人，总是觉得哥哥比自己更适合做一国之君；二来，季札对文艺更感兴趣，他从小多才多艺，精通文学、音乐和击剑，喜欢自由自在的生活，不愿意受政治的约束。所以，季札一生没有做官，总是云游四方，天下各国到处都有他的朋友。

季札虽然不愿继承王位，但并不代表他不关心国家的事情。他周游列国的时候，常常带着使命，拜访各国的君王和大臣，商议有关国家大事。哥哥们都知道季札在外面朋友多，威望高，也愿意把一些外交联络的事托付给他去办。

有一次，季札出使路过徐国。徐国的国君早已仰慕季札的人品和才学，两人一见如故，谈得十分投机。季札发现徐君也爱好文艺，而且剑术高明，为人又热情爽朗，觉得自己遇到了知己朋友。徐君对季札也是佩服得五体投地，觉得他甚至比人们传说的还要高雅、热情、有才气。两人一边饮着美酒，一边纵论天下大事，他们越谈越知心，越谈越舍不得分开。

一天，两人又在庭院中饮酒，季札对徐君说："久闻大王剑术为天下一绝，前两天只听您谈论剑道，还未曾亲眼见您的身手，今天能否让在下一饱眼福？"

徐君也不推辞，站起身，抽出宝剑。那时候，有身份的人都随身佩带宝剑，连国君也不例外。像徐君这样喜爱剑术的人，当然更是剑不离身了。只见徐君走到庭院当中，摆开一个架式，就舞起剑来。真是好剑术！一把剑舞起来，就如百条银蛇上下翻飞，只见寒光，不见人影。等到徐君忽然一个收式，立在原地时，那把剑已经在不知什么时候插回到他的剑鞘里了。

季札拍手叫好，徐君连忙说："献丑了！我早听说公子不仅剑术精妙，而且有一把神剑，是贵国的传世之宝，今日能否也让我见识一下呢？"

季札从腰间解下自己的宝剑，递给徐君，并说："就是此剑，请过目。"

这把剑长不满三尺，剑身很薄，虽然剑把上镶着名贵的宝石，但一般人看不出它有什么神奇之处。季札解释说："此剑极为锋利坚韧，削铁如泥。此外，它还有一样奇绝之处，就是能够把最柔软无力的东西一挥两段。"

说着，季札让随从爬到树上，从上面扔下一块丝绢，那丝绢飘飘忽忽地落了下来。在场的人都很纳闷："这么软绵绵的东西飘在空中，怎么能把它削断呢？"再看季札，他已经把剑插回到腰间，坐在那里不慌不忙地饮了一口酒。等到那丝绢落到两人多高的时候，只听"呼"的一声，季札从座位上跃起，大家谁也没看清他的剑是怎么拔出来的，就见寒光三道，他又回到桌旁坐下了。再看那块丝绢，已经变成四片，刚好也飘落到地上。

大家愣了一会儿，才都高声叫起好来。徐君又要过宝剑来欣赏，连声称赞道："真是神剑，神剑啊！"

接下来的一天，季札发现徐君无论谈论什么，都有点心不在焉，目光老是不由自主地落在自己腰间的那把宝剑上。他当然知道，徐君爱剑如命，见到一把好剑，自然非常想得到。季札是个豪爽仗义的人，要是别的东西，他早就拿出来拱手相送了。但这把剑可不是寻常之物，它不但是自己最喜爱的宝贝，而且是传国之宝，是自己作为国家使节的一件信物。现在出使的任务还没有完成，怎么能拿出来送人呢？他真有点为难了，因为他的确很想满足这位好友的心愿。

徐君心里也明白这一点，所以，尽管他对这把剑爱得不得了，还是没好意思开口。为了不让季札为难，他干脆强迫自己不再看那把剑了。

表里如一
——守诺和践约的真谛

几天后，季札要上路了。分别的时候，徐君依依不舍，再三嘱咐季札一路上小心保重，还把许多珍藏的宝物送给了季札。季札的马车已经走出一里多地了，徐君仍然站在原地挥手。季札回首看着徐君的身影，心里默默地说："徐君请放心，等我出使回来，一定来看你，那时我会把宝剑双手奉送给你。"他抬头看了看蓝天，心里暗暗发誓，表示决不食言。

数月之后，季札出使归来，又经过徐国。没想到，徐君在不久前意外去世了。季札赶到墓前，痛哭起来。他后悔上次没能同徐君多相处一段时间，怨恨老天竟然让这样一位英才过早地离开了人间。按照礼节，季札在墓前祭祀了三天三夜，每晚他都坐在墓碑下默默地流泪。

第四天一早，季札要离开徐国回吴国了。他又在墓前祭祀了一番，临走时，他郑重地解下那把宝剑，轻轻挂在墓前的松树上，嘱咐守墓的徐国官员看好宝剑，然后对着墓说道："徐君，原谅我不能在此长守了，这把剑是我答应送给你的。现在我把它留下，你见到它，也就如同见到我了……"

季札登上马车后，一位随从对他说："公子，这剑是稀世之宝，把它挂在墓前未免太可惜了啊！再说，我们也从没听您许诺要把它送给徐君呀。"

季札头也不回地答道："这剑早就该送给徐君的，当初虽然没有奉送，可我心里早已许下了诺言。如果因为朋友去世了，就违背诺言，那我季札还能算个诚实的人吗？"

守诺践约

第一章

9

吴起征兵

表里如一
——守诺和践约的真谛

吴起曾担任西河太守，西河西边是秦国，秦国有个岗亭靠近秦魏边境。驻守岗亭的秦国士兵经常来西河骚扰边民，西河百姓深受其害。因此，吴起决心拔掉这颗钉子。

可是，吴起手下兵力不足，临时征兵又很难征到。怎么办呢？他想了一个主意。

一天，吴起叫人把一根车辕子搬到北门外面，并贴出告示："如果有人能将这根车辕子搬到南门外面，本太守将赏给他上等田地，上等住宅。"落款处是吴起的亲笔签名，并赫然盖着"西河太守"的大印。

消息很快传开了，许多人围着车辕子议论纷纷，就是没有人动手去搬。

一直到傍晚时分，北门来了一个二十多岁的小伙子。他看了看告示，又看了看车辕子，将信将疑地问那负责监守的士兵："这是真的吗？"

那士兵回答："你没看见太守的大印吗？"

小伙子心里还有些狐疑，但他决定试一试。于是，他扛起车辕子，迈开大步，穿过繁华的闹市区，一直搬到南门外面。小伙子身后跟着一大群看热闹的人，他们一边嘲笑小伙子白日做梦，想得到飞来的横财，一边也想看看结果究竟如何。

负责监守的士兵看见车辕子被送到了指定地点，就领着小伙子进了太守府。不一会儿，小伙子出来了，他满心欢喜，手里拿着太守赏赐的田契和房契。看热闹的人见了，眼红得不得了，后悔当初自己为什么不去试一试。

第二天，吴起又叫人把一石豆子放在东门外，并贴出告示说："如果有人把这石豆子送到西门外面，本太守将像昨天一样给予奖赏。"

这一次，人们都争着去搬豆子，搬运的人同样得到了赏赐。自此以后，西河百姓都知道太守吴起言出必行，很守信用。

吴起看时机已经成熟，就贴出了第三张告示："本太守明天将领兵攻打秦国的岗亭，为西河百姓除害。现在大量征召壮丁，希望大家积极参军。攻打岗亭时，首先攻上去的，将封为大夫，并赏赐上等的住宅和田地。"落款处依然是吴起的亲笔签名和西河太守印。

百姓见了告示，都争着报名参军，不一会儿就征召到了足够的兵丁。第二天，吴起率领人马向秦国岗亭发起猛攻，将士们个个奋勇争先，一个早上就把秦国的岗亭拿下了。

第一章

守诺践约

魏文侯不负山野人之约

凡出言，信为先。

——《弟子规》

表里如一
——守诺和践约的真谛

魏文侯，姬姓，名斯，魏桓子之孙，魏武侯之父。从公元前445年继位至公元前396年去世，在位49年。

战国时期，各诸侯国互相攻伐征战，兼并领地，扩张势力，希望以此来称王称霸。魏文侯为了富国强邦，广征英才贤士来辅佐他成就霸业。魏文侯礼贤下士，言出必行，表里如一。他的弟弟魏成向他推荐卜子夏、田子方、段干木三位贤德之士，魏文侯都将其拜为国师，留在身边随时请教。更令人感动的是，他每次经过段干木的住宅时，都要在车上俯首行礼，以示尊敬。魏文侯虔诚敬贤的事迹传开后，四方贤德之士接踵归附。此外，魏文侯还是一个虚怀若谷、倾听臣下劝谏的人。

一天，魏文侯与国师田子方一起饮酒，乐师奏乐助兴，钟鼓琴瑟，管弦丝竹，好不热闹。忽然，魏文侯侧耳倾听少许，说："编钟的乐声有些不协调，好像左边高了。"田子方微微一笑，不以为然。魏文侯十分诧异："国师笑什么？"田子方躬身一揖，诚恳地说："臣听说，国君懂得任用乐官，不必懂得乐音。陛下您精通音乐，臣很担心您会疏忽了任用官员的职责。"魏文侯听罢，欣然接受，起身道谢，并称赞说："国师说得对！我一定记住这些忠言。"

大将乐羊攻打中山国，尽占其地，魏文侯把这些领地封给自己的儿子魏击。他得意地问群臣："我是什么样的君主?"大家异口同声说："您是仁德的君主!"只有谋士任座不肯阿谀，直言说："您得到了中山国，不把它封给您的弟弟，却封给您的儿子，这算什么仁德君主呢?"魏文侯听闻此话，勃然大怒。任座拂袖愤然离去。魏文侯又问翟璜，翟璜回答说："您是仁德的君主。"魏文侯问："何以见得?"翟璜说："臣听说，国君仁德，他的臣子就敢直言。刚才任座的话很直率，于是臣知道您是仁德的君主。"一席话，让魏文侯有所领悟，转怒为喜。他立刻派翟璜去请任座回来，并亲自前去迎接，把任座奉为上宾。

魏文侯不仅对自己的臣子虔诚守信，就是对一般百姓也是言出必行。

有一次，魏文侯大摆酒宴与群臣同乐，菜香酒醇，鼓乐喧天，君臣喝得意酣情浓，神采飞扬。正欢乐间，外面风雨大作。见此情景，魏文侯放下玉爵，起身招呼侍臣备车。群臣对他的突然决定感到奇怪，不解地问："陛下与微臣们饮酒正兴，外面又下着大雨，陛下打算到哪里去呢?"魏文侯挥挥手，说："郊外山野。"群臣都疑惑地你瞅瞅我，我望望你，谁也不知道魏文侯究竟要干什么。魏文侯怕扫了群臣的兴头，于是耐心解释说："我和管理山林的官员约好今天去打猎，虽然在这里很快乐，但我不能不遵守那边的会面约定。"说完，魏文侯登上车，奔赴山野之中与相约之人见面，告诉他，今天下大雨不能打猎。管理山林的官员听后很感动，暗暗称赞："陛下真是个信守承诺的人啊！"

商鞅变法立木为信

商鞅，战国时期卫国人，姓公孙，名鞅，后在秦国受封领地"商"，史称为商鞅，也叫卫鞅、公孙鞅。他是中国古代著名的社会改革家。

商鞅年轻时就非常喜欢研究法律，是一个很有才华的人。商鞅最开始是魏国丞相公叔痤手下的一名小官。公叔痤发现商鞅很有才能，就向魏惠王建议让其治理国家，魏惠王没有采纳，所以，商鞅在魏国始终未被重视。

后来，商鞅听说秦国要振兴国力，招募贤人，为了实现自己的报负，他毅然离开魏国到了秦国。商鞅到秦国后，经人引见，拜见了秦孝公，向秦孝公宣讲了"治世不一道，便国不法古"的道理，以及富国强兵的办法，很受秦孝公的赏识。商鞅在秦孝公的支持下，制定了鼓励耕战的新法令。

商鞅所制定的法令条文，对惩罚和奖励规定得很明确，也很严格。他认为要百姓遵守法令，就必须先让他们相信法令。他说："对人的行为表示怀疑就谈不上名义，对事情表示怀疑就谈不上取得成就。"商鞅怕老百姓不相信新法令能真正实行，因此，在新法令制定好之后，他没有立即公布，而是先取信于老百姓，要老百姓相信他说的话是算数的，所制定的新法令是要按章办事、说到做到的。怎样取得老百姓的信任呢？

商鞅令手下在咸阳南门市场上立了一根三丈长的木竿，并张贴告示，招募百姓把木竿搬走，谁能把木竿搬到北门，就奖励他十镒黄金。老百姓对这件事都感到很奇怪，谁也不敢搬。就这样，过了几天也没有人搬。于是，商鞅又派人贴出告示说："能搬到北门的，奖励他五十镒黄金。"这时，有一个人抱着试试看的态度，把木竿从南门搬到了北门。商鞅便命人赏给那人五十镒黄金。这件事在老百姓中间传开了，大家都相信商鞅说话算数，而不是哄骗人的，商鞅取得了老百姓的初步信任。事过不久，商鞅便在全国公布了新法令。

新法实施以后，大多数人能按法令的规定办事，但也有少数人不守法令。商鞅丝毫不迁就这些不守法令的人，一律按法令办事。太子违法后，商鞅在不便直接处罚太子的情况下，严厉地惩罚了太子的两位老师。这下，谁也不敢违法了，真正做到了令行禁止。于是，秦国社会秩序大治，出现了道不拾遗、山无盗贼、家给人足的局面，为秦国后来的强大奠定了基础。

曾子杀猪教子

> 志不强者智不达，言不信者行不果。
>
> ——墨子

曾子名叫曾参，是孔子的学生，曾经编制过《孝经》一书，后来的人们敬佩他的才学和品德，尊称他为曾子。

孔子经常教导学生，要"言必信，行必果"。就是说，说话一定要算数，要说到做到；行动了一定要有结果。曾子把老师的话牢牢地记在心里，每天晚上睡觉前，他都要再三地问自己："给人家办事，我做到诚心尽力了吗？对待朋友，我有没有不诚实、不守信用的地方呢？老师的教诲，我认真复习过了吗？"

日复一日，年复一年，曾子一直这样严格地要求自己，成了远近闻名的诚实之士。人们都喜欢找他办事，有时甚至把性命攸关的大事也交给他来办。因为大家都知道，曾子是最诚实、最讲信用的人，把事情交给他来办，是完全可以放心的。

时间过得很快，转眼之间，曾子也成了中年人，有了妻子和孩子。曾子就用当年孔子教育自己的方法来教育孩子，希望他们也能成为品德高尚的人。

有一回，曾子的夫人打算去集市上买东西，小儿子曾申吵着要跟母亲一起去。曾夫人弯下腰来，对曾申说："儿啊，娘今天要买的东西太多，不方便带你去，下次再带你去好不好？"

"不！我就是要去嘛！"

"今天不行，下次再去吧。"

"你骗人！到了下次又不带我去了！"

"瞎说，娘什么时候骗过你？"

"上一次你就说下次带我去，这次你又说下次去，这不是骗人是什么？"

"娘不是骗你，娘是没想到这次要买这么多东西。"

"东西买得多，我正好可以帮你拿呀！"

"你一个小孩子，能拿什么东西呀。"

"我能！我能！昨天你抱柴，我不是帮你抱了吗？你还夸我能顶个大人用呢！"

"好，你能，你能！可是娘今天买完东西，还要去办点事情……"

"你看，你又骗人了！刚刚说是要买好多东西，现在又说去办事情，骗人！骗人！"

"胡说！你这孩子真没礼貌！我看你是想挨揍了吧！"

曾申见母亲真动了怒火，才不敢喊了，可嘴里还在嘟囔着："爹说过，君子要言而有信，大人说话不算数，算什么君子……"

说着，曾申不服气地梗着小脖子，眼里还滚出几颗泪珠来。

曾夫人看他那副小大人模样，"噗哧"一声笑了出来："你这孩子呀，就是犟。好了，好了，你不要闹了，下次娘一定带你去，你乖乖在家玩，等娘回来给你烧肉吃。"

一听说要吃肉，曾申来了精神，他跳起来，又喊道："娘，昨天隔壁李叔叔家杀猪，他们吃得好开心啊！我们也把猪杀了好吗？"

曾夫人边向外走，边随口说道："好，好，都依你，回头你爹回来，叫他杀吧！"

　　曾夫人走后不久，曾子就从外面办事回来了。他一进门，就看见曾申正在摆弄一把菜刀。他连忙上前夺下刀，说道："你小孩子怎么玩起刀来了？"

　　曾申兴奋地叫道："爹，你可回来了，今天我们要杀猪！我正在磨刀，等你回来杀那头大黑猪呢！"

　　"杀猪？"曾子感到很奇怪，"谁说要杀猪？"

　　"娘说的，娘亲口答应我的。"

　　"小孩子可不要撒谎啊！"

　　"谁撒谎？我要是撒谎，就让我变成那头黑猪，然后被杀掉，烧了让你吃！"

　　曾子心想："怎么回事，猪还没长到时候，就杀了吃？莫非她昏了头了？听这孩子的口气，也不像凭空瞎编，大概是他娘随口说来哄他的。只好等她回来，再想办法哄哄这孩子吧。"

　　于是，曾子就对曾申说："你先去玩，等你娘回来，我问过她再说，好不好？"

　　说完，曾子就放下背囊，走进房内写文章去了。

　　曾申是个机灵孩子，他觉得曾子不像是真要杀猪，心里就开始盘算。只见他眼珠一转，主意来了。

　　屋内，曾子正在伏案写作，门"吱呀"一声开了，只见曾申手里捧了一竹箩沙子走进来。那个时候还没有纸，人们都是在竹片或丝帛上写字，曾子家穷，就用竹箩盛上沙子来教孩子写字。

　　曾申把竹箩端到父亲身边，说："爹，你昨天教我的字还有几个我写不好，你再给我写一遍行不？"

　　曾子见儿子这样好学，心里高兴，便放下笔，问道："你先写给我看看。"

曾申写过几个字后说："就是那个'信'字，我写不好。"

曾子便把着儿子的手，把"信"字写了几遍。

曾申又说道："爹，你再把'信'的意思给我讲讲好吗？"

曾子更高兴了，他捻着胡子说道："孩子，这'信'字，一是讲要诚实无欺；二是讲要守信用，也就是说到做到，言行一致。一个人无论做什么事情，都不能说了不算。如果……"曾子正讲到兴头上，曾申突然插话进来问："爹，娘说了要杀猪，如果回来又不让杀，这能算'信'吗？"

"这……"曾子愣了一下，仰天大笑起来，"你这机灵鬼，没想到你这小脑瓜里还有这么多点子！好，让爹想想。这猪虽然还没长够膘，可也有个百十来斤了，好吧，既然你娘答应了，咱们就杀了它！"

曾申高兴得蹦了起来，一溜烟地跑去拿刀，找绳子，烧开水。

等曾夫人从市场回来，曾子便叫其帮忙杀猪。曾夫人一愣，忙问："杀什么猪？这猪正是长肉的时候呀！"

曾子回答道："这要问你了，你答应了儿子要杀猪给他吃。"

"我哪里答应他了，我是说买肉给他吃。"

曾申听了，一下子跳起来，喊道："娘，你走时亲口说的，叫我等爹回来杀猪，你怎么言而无信呢？"

"我……嗨！我是缠不过这孩子，随口一说，你怎么就当真了呢？"

"一言既出，驷马难追。你既然对孩子说了，当然就要算数。一头猪杀了，还可以再养；孩子要是学会了不守信用，可是要贻害终身的呀！我一直要求自己言而有信，更教育孩子也这样做。好了，别生气了，快来帮忙吧！"

曾子说完，便拿起工具把猪杀了。

曾申欢呼着跑了，曾夫人忍不住也笑了，说了句："你们爷儿俩啊，真拿你们没办法！"

蔺相如冒死完成重托

> 实言实行实心，无不孚人之理。
>
> ——吕坤

蔺相如，战国时期赵国人，原是宦官缪贤的门客，后被赵王封为上大夫。

蔺相如不仅是国家的重臣，还是大智大勇、忠义守信之士。他的事迹还要从秦昭襄王想要赵国的和氏璧说起。

战国时期，赵王得到了价值连城的和氏璧。秦昭襄王听说后，非常想要这块璧，就派人给赵王写信，说愿意以 15 座城来换取和氏璧，希望赵王答应。其实，秦昭襄王并不是真心想用 15 座城换和氏璧，主要是想借机试探一下赵国对秦国的态度。

赵王觉得这件事很棘手，处理不好不仅要丢面子，还会白白失掉和氏璧，甚至会和秦昭襄王翻脸，以至于让秦国抓住把柄，发兵来犯。赵王十分为难，就和大臣们商量，一时间谁也没有想出妥善的办法，也找不到合适的人出使秦国去办理这件事情。这时，宦官缪贤向赵王推荐自己的门客蔺相如，说他是个有胆有识的人。赵王就把蔺相如召来，商量对策。

蔺相如说："秦国强，赵国弱，不答应不行。"

赵王说："要是把和氏璧给了秦国，而秦国却不把许诺的 15 座城给赵国，怎么办？"

蔺相如说："秦国答应用 15 座城来交换一块璧，这个价值已是高出许多倍了。如果我们不答应，别人就会认为是赵国理亏；如果赵国同意把和氏璧送去交换，而秦国却不给赵国 15 座城，那么就是秦国理亏了，别人就会认为错在秦国。请大王考虑这件事的得失。"

赵王说："那么就请先生带着和氏璧去一趟秦国吧。可是万一秦昭襄王不守信用，怎么办？"

蔺相如说："如果秦国把城给了赵国，我就把和氏璧留在秦国；如果秦国不愿意交出城池，我一定把这块璧完好地带回赵国。"

于是，蔺相如就带着和氏璧到了秦国，把它献给秦昭襄王。秦昭襄王得到和氏璧，十分高兴，并把它递给左右侍女和侍从传看，就是不提换城的事。

蔺相如站在殿堂上等了很久，心想："秦昭襄王果然有诈！可是和氏璧已经落在他的手里，怎么才能拿回来呢？"他急中生智，上前对秦昭襄王说："这块璧虽好，但也有点小毛病，极不容易瞧出来，请让我指给大王看。"秦昭襄王信以为真，就吩咐左右把和氏璧递给蔺相如。

和氏璧一到手，蔺相如立即退到一根大柱子旁边，瞪着眼睛，怒气冲冲地说："大王派人送信说愿用 15 座城来换这块璧。赵王本不愿交换，但考虑到两国的关系，还是诚心诚意派我把它送来了。可是，我已看出大王并没有拿城交换的诚意。现在璧在我的手里，大王要是强行夺取，我就让自己的脑袋和这块璧一同碰碎在这柱子上!"说完,就要向柱子撞去。

秦昭襄王见此情景,连忙向蔺相如赔不是,又立即命人拿上地图来,说:"请先生别误会,我哪能说话不算话呢?"边说边把准备划给赵国的 15 座城指给蔺相如看。

蔺相如暗想,决不能再上当了,于是就对秦昭襄王说:"赵王派我送璧之前,为了表示诚意,斋戒了五天,还举行了很隆重的送璧仪式。大王如果诚心换璧,也应当斋戒五天,再举行一个接受璧的仪式,到时我再把璧奉上。"

秦昭襄王思量了一下就同意了。他吩咐人把蔺相如送回馆驿安歇,并将其监视起来。蔺相如回到馆驿后,暗中派一名随从改扮成商人的模样,带着和氏璧,偷偷从小道逃出,把和氏璧送回赵国去了。

五天后,秦昭襄王举行了接受璧的仪式。他让蔺相如上朝献和氏璧,蔺相如不慌不忙地向秦昭襄王行了礼,义正辞严地说道:"秦国自秦穆公以来,前后二十几位君主,没有一个是讲信用的。我怕再受欺骗,丢了和氏璧,对不起赵王,所以我早已把和氏璧送回赵国去了。请大王治我的罪吧。"

秦昭襄王一听,大发雷霆,气势汹汹地说:"是我欺骗了你,还是你欺骗了我?"

蔺相如镇静地说:"请大王息怒,让我把话说完。天下诸侯都知道秦强赵弱,所以只有强国欺压弱国,而绝没有弱国欺负强国的道理。大王要是真心想要那块璧,就请先把 15 座城割让给赵国,然后派使者随我一同到赵国取璧,到时候赵国绝不敢不把璧交给秦国。"秦昭襄王听蔺相如说得义正辞严,只好说道:"不过是一块璧罢了,不要为这件事伤了两国的和气。"

最后,秦昭襄王只好让蔺相如回赵国去了。蔺相如以自己的智

表里如一
——守诺和践约的真谛

慧和勇气，最终完璧归赵，实现了自己对赵王的承诺，完成了出使秦国的使命。

韩信报恩

> 人无忠信，不可立于世。
>
> ——程颐

韩信是我国古代著名的军事家，为刘邦开创帝业立过大功。

韩信从小喜读兵书，有满腹的学识，一心想着能披挂上阵，在战场上建功立业，当个将军。但是在他年轻的时候，却没有人赏识他的才气，很不得志。

那时候，韩信很穷，日子过得很清苦。为了糊口，他经常到江边去钓鱼，碰上好运气，倒也能换些钱勉强度日。可是钓鱼也很不容易，每当钓不到鱼时，他就要饿肚子了。

有一天，韩信又到江边去钓鱼，眼看着已经过晌午了，可是连一条鱼也没有钓上来。韩信又饿又累，却毫无办法，只能坐在那里望着手中的鱼竿发呆。

江边有一位以洗衣为生的老大娘，她看到韩信一个人在那里郁郁寡欢，垂头丧气，就走过来十分关心地问道："年轻人，你怎么了？有什么心事吗？"

韩信抬起头，见是一位慈祥的老大娘在问话，就如实告诉她说："我家里没有吃的，我想钓几条鱼换点钱买吃的，但到现在一条鱼也没有钓到，这让我吃什么呀？"

老大娘听了，不由得心生同情。于是就说："年轻人，如果你不嫌弃，就到我家吃些东西填填肚子吧！"只要有吃的，韩信当然不会嫌弃，于是就收了鱼竿跟老大娘去了。

韩信和老大娘一路走一路说着话。老大娘从韩信的话中了解了韩信的家世和抱负，从心里喜欢这个虽然生活困苦但却有理想的年轻人。这以后，老大娘经常送些饭菜给韩信吃。韩信非常感激。

一天，老大娘又给韩信送来了一些饭菜。韩信很感动，就对老大娘说："大娘，您对我真好，等我以后成就了一番大事业，一定要好好地报答您老人家！"

老大娘听了这话却生气了。她说："你以为我是为了让你报恩才帮你的吗？错了！我看你是个堂堂男子汉却不能养活自己，是因为同情你才帮你的！"

韩信听了老大娘的话，默默地吃着饭，就不再多说什么了。不久，韩信就拜别了老大娘，离开了家乡，外出闯荡去了。

很多年过去了，韩信成了刘邦军中的名将，帮助刘邦打下了天下，建立了汉朝。韩信被刘邦封为楚王，有了很高的声望。但是，他心里一直惦记着当年接济过他的那位老大娘。

韩信打听到了老大娘，不但经常派人给老大娘送去各种物品，好让老大娘不再过那劳碌贫困的生活，而且还特意回家乡看望老大娘，并给老大娘送了一千两黄金。

老大娘说："你不要拿这些钱给我，一来我已经老了，活不了几天了，要这么多钱没有什么用；二来我也没有为你做过什么大不了的事，哪能要你这么多钱呢？"

表里如一
——守诺和践约的真谛

韩信恳切地说："当年我饿肚子的时候，您给我吃的虽然是粗茶淡饭，但对我来讲却是很可贵的，更何况您那时是在自己生活也很困难的情况下帮助我的。现在我有能力了，理应报答您老人家！而且当年我也说过，等我成就了一番大事业，一定要好好报答您的！"

他还说："我知道，您当年并不是为了要我的报答才帮助我的。也正因为如此，我才更感到您是真心对我好。所以，我就更应当好好地感谢您、报答您！"

韩信知恩图报、言而有信的故事一直被后人所传颂。

朱晖守信义不忘重托

> 轻诺必寡信，多易必多难。
>
> ——老子

朱晖是东汉初年的大臣，河南南阳人。年轻时，他从家乡南阳被选拔到京都洛阳的太学进行学习。他的好朋友陈揖听说了，为他得到这么好的学习机会感到高兴。朱晖去就学时，陈揖送了一程又一程。

进入太学后，朱晖努力学习，进步很快，得到了大家的赏识。朱晖在新的环境里又结识了许多新朋友，其中有一位是南阳同乡张

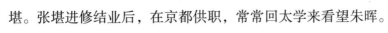

堪。张堪进修结业后，在京都供职，常常回太学来看望朱晖。

一天，张堪把朱晖请到家里，推心置腹地对他说："倘若哪天我身体不好，离开了这个世界，请你帮忙照顾我的妻子儿女，好吗？"朱晖说："谢谢仁兄的信任，我会牢记您的嘱托。但是仁兄年富力强，正是大展鸿图的时候，请不要讲那些不吉利的话！"

朱晖虽然这样安慰张堪，但对他如此郑重的嘱托，还是谨记在心的。后来，张堪去世了，朱晖深感悲痛。办完丧事后，朱晖对张堪的妻子说："嫂子，张大哥生前托我照顾你和孩子，但我现在在京城还一事无成，也没有收入，先让我送你们回乡吧！"

当朱晖护送张堪的遗属回到南阳时，又得知另一个不幸的消息：好友陈揖也已经病故了。他赶紧来到陈揖家，只见陈揖的寡妻怀里抱着出生不久的婴儿，泪流满面，说："夫君病重时，这孩子还未出生。夫君临终时，说他最遗憾的事是没能和他的好朋友朱晖再见一面，并叮嘱我孩子出生后，就起名叫'友'，表示他对好朋友的怀念。"

朱晖听完，连连作揖说："我明白陈兄对我的嘱托了。朋友之间最要紧的是一个'信'字，孩子以'友'命名，既是对我的思念，又是对我能帮忙培养好孩子的信任！我决不会辜负陈兄的重托！"

朱晖决心照顾好张堪、陈揖两家遗属。对张堪家，他年年接济50石米，5匹布；对陈揖家，则竭力将陈友培养成人。

陈友一年一年地长大了，朱晖就让他和自己的儿子一起读书，希望两个孩子都能成长为国家的栋梁之材。

朱晖的善行，被南阳太守桓虞知道了。一天，桓虞来到朱晖家中，称赞他说："先生照顾两家亡友遗属，十几年如一日，真难得呀！"朱晖说："小人仅仅是履行朋友的嘱托而已。"桓虞点点头，说:"你的儿子受到良好家风的熏陶,品德一定高尚,现在衙门里正缺一名属官,就让他来吧!"

朱晖一听,非常高兴。他说:"多谢大人的关照!但是比起犬子来,小人故友的儿子陈友的才能更全面,建议您选拔他吧!"

桓虞听了,十分敬佩朱晖,说:"先生这话出乎我的意料,但是仔细想来,也符合你信守朋友嘱托的本意,我就遵循你的意思选拔陈友吧。"

从此,朱晖讲信用、一诺千金的佳话就在南阳传开了。

曹操守信归关羽

对人以诚信,人不欺我;对事以诚信,事无不成。
——冯玉祥

刘备、关羽、张飞三人在桃园结义之后,情同手足。在一次战斗中,刘、关、张三兄弟被打散了,刘备一人骑马投奔了袁绍,张飞则逃到芒砀山暂避,关羽则因保护刘备的两位夫人被曹操的军队包围在一个小山头上。关羽几次想冲出包围,但都被乱箭射回。

后来,关羽考虑到带着两位嫂嫂,不能辜负了刘备对他的信赖,迫于无奈投降了曹操。曹操非常欣赏关羽的为人和胆识,就满足了关羽提出的3个投降条件:一、只降汉朝,不降曹操;二、要按照刘备的俸禄标准来供养他的家眷；三、一旦知道刘备的下落，关羽就要去找刘备。

于是，曹操想尽办法厚待关羽，希望关羽能够归顺自己而不再去找刘备。

曹操带着关羽去见汉献帝，汉献帝封关羽为偏将军。

接着，曹操又大摆筵席，请出文臣武将与关羽相见，并请关羽坐在上宾的位置。宴后，曹操叫人拿出许多绫罗绸缎、珍贵器皿送给关羽。过了几天，曹操又挑选了几个美女送给关羽。关羽也不好推辞，就把美女连同绫罗绸缎、珍贵器皿全部给了两位嫂嫂。

一天，曹操见关羽平日穿的一件绿锦袍已经旧了，就特地叫人照着关羽的身材做了一件新锦袍送给他。

曹操见关羽的坐骑很瘦弱，就把吕布骑过的赤兔马送给了关羽。

就这样，曹操对关羽是多方关照、厚礼相待，一心指望关羽能被他感化，归顺于他。可是关羽却将兄弟义气看得比什么都重要。

不久，关羽得知了刘备还在河北的确切消息，便向曹操辞行。可曹操躲着不见他，故意在门口挂了个不见客的牌子。关羽没有办法，只好将曹操送给他的财物、美女统统留下，写了一封辞别信叫人送给了曹操。收拾停当，关羽请两位嫂嫂上车，自己骑着赤兔马，只带着旧时人员出了门。

曹操得到关羽已经动身的消息，心中十分焦急，大将蔡阳请令："请丞相给臣三千人马，臣去把关羽擒来，献给丞相！"

曹操却制止说："不必追赶！关羽这人来去明白，胸怀坦荡，真是大丈夫！"

又有人提出："关羽是一员虎将，如果投了袁绍，后患无穷，还是追上去把他杀了的好。"

曹操说："以前我答应过他，怎么能失信呢？不如索性做个人

表里如一
——守诺和践约的真谛

情，送他一笔路费，让他知道我是说话算话的。"

于是，曹操带了几十个人去追赶关羽，给关羽送上黄金，但关羽不肯接受。曹操就送给关羽一件锦袍。关羽怕曹操使诈，就用刀尖将锦袍挑过来披在身上，拱手道谢，然后匆匆离去。

这时，曹操的一员大将气乎乎地对他说："关羽这个人太无礼了！丞相好心好意送他锦袍，他连马都不下。何不把他抓回来？"

曹操摆摆手说："我是特地前来送行的，怎么能说话不算数呢？不必为难他了。"说完领着众人回城去了。

诸葛亮诚信俘孟获

> 一政之举，一令之施，合乎其德智力者存，违于其德智力者废。
>
> ——严复

刘备去世后，许多原来归顺蜀国的少数民族部落都发动了叛乱。225 年春，诸葛亮率领大军南下平叛。

到了南方，诸葛亮打听到孟获不但打仗勇猛，而且在南方中部地区的各族中很有威望，于是就下了一道命令：只许活捉孟获，不能伤害他。

诸葛亮善用计谋。蜀军和孟获的军队交锋的时候，蜀军故意败退下来。孟获仗着人多，一股劲儿追了过去，很快就中了蜀军的埋伏。孟获的军队被打得四处逃散，孟获本人也被活捉了。

孟获被押到蜀军军营，心想这回一定没有活路了。没想到进了军营，诸葛亮立刻叫人给他松了绑，好言好语劝他归降。但是孟获不服气，说："我不小心中了你的计，怎么能叫我心服？"

诸葛亮也不勉强，陪孟获在军营外骑马兜了一圈，让他看看蜀军的营垒和阵容，然后问他："你觉得我们的人马怎么样？"

孟获傲慢地说："以前我没弄清楚你们的虚实，所以败了。今天见了你们的阵势，也不过如此。像这样的阵势，我们要打赢你们也不难。"

诸葛亮爽朗地笑了起来，说："既然这样，咱们来个约定，如果我能抓到你七次，你就归顺蜀国，怎么样？"

孟获不以为然地答应了。

孟获被释放以后，回到自己的部落，重整旗鼓，又一次攻打蜀军。但是，他是一个有勇无谋的人，哪里是诸葛亮的对手，第二次又被活捉了。诸葛亮二话没说，又把他释放了。

像这样捉了放，放了又捉，诸葛亮一共活捉了孟获七次。

到了孟获第七次被捉的时候，他才真心投降。他流着眼泪说："丞相七擒孟获，信守诺言，说到做到，待我可以说是仁至义尽了。我打心底里佩服，哪里能不遵守当初的约定呢？从今以后，我不再反叛了。"

孟获回去后，说服其他部落全部投降，南中地区重新归顺蜀国。

陶侃不违母亲遗训

东晋时，有一位大将军叫陶侃，做过荆州刺史。有一回，他宴请武昌名士殷浩、庾翼等人，吟诗作赋，讲谈学问。

大家喝了两杯酒后，殷浩举杯说："将军，您最近平定了郭默的叛乱，立下了大功，请让我敬您一杯！"陶侃想了想，痛快地说："多谢，喝！"说着，便一饮而尽。接着，庾翼也举起杯来，说："将军，若论战功，您上次平定苏峻的叛乱，功劳更大，请让我也敬您一杯！"苏峻本来也是东晋的一位将军，因为不满顾命大臣庾亮削弱他的兵权，就带兵造反攻下了东晋都城建康，并将年纪尚幼的皇帝挟持到军事重地石头城。陶侃指挥六万大军，从武昌浩浩荡荡沿江而下，包围了石头城，擒杀了苏峻，解救了晋成帝。按说，庾翼祝酒，陶侃应该高高兴兴地饮下这杯酒才是，不料陶侃却抱拳作揖，说："先生，对不起了，我今天饮酒已经足量了！"

殷浩附和说："将军，今天大家高兴，您应开怀畅饮！看得出您有海量啊。"

想不到这时，陶侃却潸然泪下，哽咽着说："不瞒二位先生，家母生前，曾向我规定过，每次饮酒，三杯为限。今天杯额已足，我不能违背先母的禁约！"接着，他回忆起青年时代的往事。

陶侃的父亲陶丹本是三国时期吴国的名将，但很早就去世了。陶侃少时全靠母亲纺纱织布将其培养长大，后来他当上了浔阳县城一名小小的"鱼梁吏"。有一回，陶侃托人捎了一坛腌鱼回家，想让母亲高兴高兴。陶母问："这鱼是哪里来的？"送鱼的人说："是官府的。"陶母听后将腌鱼原封不动地退了回去，还附了一封口气严厉的信，责备陶侃说："你才当上个小官，就拿公家的东西回家，真叫我愁死了！"还有一回，浔阳县里举行宴会，陶侃喝得酩酊大醉。酒醒后，母亲一边垂泪，一边责备他说："饮酒无度，怎能指望你刻苦自励建功立业呢？"陶侃羞愧难当。母亲要他保证：从此严于律己，饮酒不过三杯。

陶侃讲完往事，接着说："苏峻、郭默之乱虽然已经平定，但是国家尚未统一。男儿报效国家的路还长，我怎能违背先母遗训呢？"

殷浩、庾翼听完，肃然起敬，说："将军，虽然老夫人已仙逝多年，但是您信守遗训，不减当初，这种美德一定会同您的功业一起永留青史！"

守约的包拯和侠客

口言之，身必行之。

——墨子

包拯，人称"包青天"，是北宋时期著名的清官。他出任开封知府期间，清正廉洁，执法严明，权贵恶霸怕他，老百姓则把他当作能为自己伸冤雪恨的"青天大老爷"。

据说，包拯刚到开封府时，有一阵子开封城外老是出怪事。连续有几个恶霸被人杀死，而且都是在睡梦中被勒杀的，家里人连声音都没听见。从作案手法来看，这些案子都是一个人干的。当地的地方官出了很高的悬赏来捉拿这个杀人者，并且派出精干的差役暗中查访，结果连一点影子也没查到。这件事很快就在开封一带传开了，老百姓们拍手称快，都管这个杀人者叫"无名大侠"。地方官们查不出结果，只好把案情报告给包拯。

包拯把案情反复研究了一番，又到现场做了勘察。他发现这些恶霸在被杀之前，都刚刚做过伤天害理的坏事。其中，最后一个被杀的恶霸还曾扬言，说他绝不害怕受到惩罚，结果当天晚上就被勒死在床上。

包拯心里有了主意。他一面不动声色地继续派人四处调查杀人

守约践约

第一章

33

案，一面暗中关注那些恶霸们的动静。不久，有人悄悄来报告说，开封城里的一个恶霸强抢民女，还把女子的父亲打得重伤致死。这个恶霸仗着有亲戚在朝廷里做大官，一向为非做歹，无法无天，连执法如山的包拯，他都不放在眼里。而包拯早就想找个机会杀杀此人的威风。

可是，这一次包拯没有急于动手。他先派人在这个恶霸的门上贴了张告示，警告他尽快把民女交还，并且到官府去认罪，否则就要他的命，落款是"无名大侠"。而这个恶霸仗着自己有成群的打手和凶奴，拒不交还民女，还扬言要等"无名大侠"来送死。包拯见他中计了，就派人把恶霸的狂言传播出去。然后，他带着几名心腹埋伏在这个恶霸家的周围。一连等了好几晚，终于把那位"无名大侠"等来了。"无名大侠"很快就发现了包拯他们，于是连忙飞跑而去，包拯等人则在后面追，一直追到城外的树林里。"无名大侠"站住身，抽出剑来，对包拯说："难道包大人一定要阻拦我除暴安良吗？"

包拯答道："义士所做的都是为民除害的好事，但是包拯身为开封知府，总要把事情调查个水落石出才算尽职。请义士把事情的经过讲给我听一听。"

"无名大侠"见包拯没有缉拿自己的意思，就把那几个恶霸的罪行和除掉他们的经过讲述了一遍。然后，他请包拯让开路，让他再去杀了那个强抢民女的恶霸。

包拯拦住他说："铲除恶霸，为百姓伸冤，这是我的职责，如果义士信得过我，这件事就请交给我来办。如果我说了不做，到时候义士不仅可以杀那恶霸，就连我也任凭你来处置！"

"无名大侠"想了想说："好，一言为定。如果包大人不讲信用，欺骗了小民，可别怪小民对大人无礼！"

表里如一
——守诺和践约的真谛

包拯笑着说:"今后我若有哪件事做得对不起百姓,义士随时可以来取我的人头。不过,我也有一件事要义士答应,日后再有恶霸做出伤天害理的事情,请义士不要擅自杀人,我自会以国法治他们的罪。"

"无名大侠"也爽快地答道:"只要大人能够秉公执法,我绝不再杀人。若有违背,我会以死向大人谢罪!"

两人击掌为誓,各自离开。后来,包拯果然把那个恶霸带到公堂审问。恶霸在朝廷里做官的亲戚们再三来求情和威胁,也没有吓倒包拯,他最终将恶霸定了死罪。这以后,包拯铁面无私地处置了许多豪强恶霸。每当他在执法中遇到阻挠时,总会想起那次和"无名大侠"所定的誓约,提醒自己不能辜负义士的期望。而那位"无名大侠"也没有违背约定,从此销声匿迹,再没有杀过人。

三年后的一天早晨,包拯刚刚起床,就看见自己的书桌上放着一封信。他急忙展开一看,信中说:"包大人,我守约三年,未杀一人。昨日偶遇一伙歹人拦路劫杀良民,而且不听劝阻。我一时激愤,杀死4个歹人,留下一个活口,将他绑在了大人房后树上。我已违反约定,只好以死向大人谢罪。请大人明日到城外城隍庙中查验我的尸首。"

包拯刚刚读完信,就连连来人报告:房后树上绑着一个被打断双腿的人,离城20里的官道上发现4具尸体……包拯吩咐手下分头审人、验尸,自己则骑了匹快马赶到城外的城隍庙,果然看到"无名大侠"已吊死在房梁上。

包拯深受感动,他对跟来的手下感叹道:"这真是位古来少有的义士啊!自己身怀绝技、替天行道,以除暴安良为己任,并且认真地对待自己许下的诺言,言必信,行必果,视生死如鸿毛,守大义如泰山。真可谓惊天地、泣鬼神!可惜他却命归黄泉了。"

第一章

守诺践约

此后，包拯更是时常以这位"无名大侠"的高尚情操来激励自己，一生严明执法、为民除害，从没忘记自己发过的誓言。

言而有信的梁颢

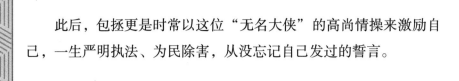

> 内不欺己，外不欺人。
>
> ——《格言联璧》

梁颢是北宋人，他早年丧父，由叔父收养，后来高中状元，被任命为大名府观察推官。

梁颢从小就喜好读书，可是他叔父家境贫寒，买不起书。梁颢只好借别人的书，连夜抄出来，然后再仔细钻研。他不但对借来的书倍加爱护，而且向来是说什么时候还就什么时候还，很守信用。

一个冬天的晚上，梁颢又在抄书，室内灯光微弱，还冷得出奇。他抄了一会儿，就冻得手脚僵硬，眼睛也累得发酸。于是，他不得不停下笔，活动活动手脚，放松一下眼睛，然后再抄。可是，当他再一次提笔写字的时候，毛笔已有些僵硬了。他没有在意，又在砚台里蘸了一下，继续写字，但是只留下了淡淡的墨迹。梁颢仔细观察才发现，毛笔上的墨已经有些冻结了，砚台里的墨汁也已经结了冰。他赶紧把砚台举到灯火上面烘烤，看着砚台里的冰慢慢地融化后，他赶快提起笔蘸着墨继续抄书。

他的叔父睡了一觉醒来，发现梁颢屋里的灯还亮着。于是披衣起床，推门走到梁颢旁边，心疼地说："孩子，今天你从早到晚抄了一整天，现在又抄到了大半夜，天这么冷，这样会弄坏身体的。快收拾一下睡觉去吧，明天再抄也不迟。"

梁颢说："这可不行，我已经答应人家，明天就把书还回去了。要是今晚抄不完，明天还了书，我就没什么可读的了。"

叔父笑笑说："傻孩子，他们家里有很多书，不等着用这一本，你跟他们说明情况，晚还一天也没什么要紧的。"

小梁颢一脸严肃地说："做人要讲信用，我怎么能因为这点小困难就失信呢。我答应明天还，明天就一定要还。"说完，他又低下头继续抄书。

第二天，梁颢按时把书还给了主人，主人惊讶地说："我以为你说两天是指几天的意思呢，没想到你这么快就读完了。"

梁颢说："我还没有仔细读，只是连夜把它抄写了一遍。"

那人一听，惊得目瞪口呆，说："你真是个诚实守信的好孩子，将来一定会大有作为的。我这里还有很多书，你要借哪一本都可以，什么时候还都行。"

梁颢急忙道谢。后来，梁颢经常去找此人借书，而且总是按时归还，从没失信过。

宋濂借书不误期

表里如一
——守诺和践约的真谛

宋濂，字景濂，号潜溪，浦江（今浙江浦江）人，是我国元末明初著名的文学家、思想家。他学识渊博，为人处世也非常讲信用。

小时候的宋濂就非常喜欢读书学习，钻研学问。但是他家里很贫穷，上不起学，连书都买不起，他只好向有书的人借书读。当地郑氏家族的藏书非常丰富，郑家主人也很关心宋濂的学习，常常把书借给他读。宋濂学习十分刻苦，在学习条件相当艰苦的情况下，阅读了大量书籍。当他遇到好书的时候，爱不释手，可是书是借的别人的，不能不还，于是他就夜以继日地把书抄写下来。冬天，天气很冷，室外滴水成冰，室内也非常冷，连砚台都结了冰，手指冻得几乎拿不住笔了，但是他仍然坚持加紧抄书。抄完之后，他及时把书还回去，从来没有耽误过还书的日期。就因为他诚实守信，大家都很相信他，才肯把书借给他读。

成年时，当地能读到的书宋濂都读遍了。可是他求学的愿望更

38

加迫切了，他常常到百里以外的地方去寻师求学。有时还会背着行李，如果赶不回来，就随便找个地方住下，忍饥挨冻也不放弃。有一次，宋濂和一位名师约定上门求学，正好碰上下大雪的天气。上路之后，雪越下越大，路上的积雪也越来越深，但宋濂为了不失约，冒着冻坏双脚的风险，还是步行赶去了。到了客栈时，他的四肢都冻僵了。好心的店主人很受感动，给他热水喝，帮他捂上被子，他才渐渐暖和过来。

宋濂求教的先生，都是很有名望的学者。只要有求学的机会，他一次也不会放过。他在外地学习，有时寄居在客店里，生活很艰苦，为了减少开支，他一天只吃两顿饭，衣服补了又补，很破旧。但他以求知为乐，别的都不在意。就这样，宋濂数十年如一日地刻苦求学，终于取得了非凡的成就。

郑成仙修桥

> 动人以言者，其感不深；动人以行者，其应必速。
> ——陆贽

清代安徽歙县杨冲村有个叫郑成仙的人，以竹篾编织簸箕为业。他编的簸箕结实而且价格公道，远近的人都争着来抢购。

郑成仙家附近有一条小河，河上的木桥已腐烂，经常有行人摔下去，郑成仙也曾差点儿掉进河里。为了安全，人们不得不绕道而行。郑成仙就对天发誓道："在我有生之年，我要靠编簸箕攒钱，修建一座石桥。"谁知，听到的人都笑话他。

从此以后，郑成仙就开始为自己的目标而努力。他更加努力地编簸箕，攒了一些铜钱就换成银子，藏在小瓦瓶里，并将小瓦瓶埋在瓦锅下面。他的妻子和儿子都不知道这件事。有好几次，埋银子的地方暴露，积攒的银子被人偷了，他就继续积攒。家里粗菜淡饭，经常用野菜充饥。郑成仙手艺很好，生意也很好，可是日子却过得如此贫穷，乡邻们都感到奇怪。

时间过得很快，转眼间郑成仙已经七十多岁了。一天，他召集村里的老人们一起到他家，说："我现在老了，早年的大愿如果不实现，我不甘心呀，所以请大家一起来造桥。"说着便把瓶子里的钱全部倒出来，数了数有四五十两。他的老伴和儿子穿着破衣服，在旁边看着这一切，嘴里不住地埋怨。早年曾经笑话他的人又惊又敬："老人家真是说到做到。""真是一个言行一致的人！"

于是，全村人踊跃参与，不到一个月的时间就把大石桥造好了，大家再也不用绕道而行了。

梁启超信守诺言

梁启超是近代资产阶级改良主义者，著名的思想家、文学家。

1884 年，11 岁的梁启超第二次离开自己的家乡——熊子乡，坐船前往广州参加学院考试。到广州后，他租了一间房，认真读书、学习。考试时，他对答如流，中了秀才。当时的主考官是广东学政叶大焯，他看到学子们的成绩很好，心中十分高兴，特地接见了被录取的学子。接见结束后，学子们一个个都走了，只剩下年少的梁启超没有离开。叶大焯感到奇怪，问他为什么不走。梁启超很有礼貌地说："叶大人，学生有件事恳求您帮忙。"

小小的学子，竟敢在学政大人面前提要求，叶大焯先是吃了一惊，然后笑着说："你有什么请求，请说来听听。"叶大焯和蔼可亲，梁启超十分激动，说："学生临行前，对祖父许下了诺言，如果我这次考中秀才，就请求主考大人给祖父撰写寿言。""你为什么想这样做呢？"叶大焯想弄清梁启超的想法。梁启超深情地说："我的祖父虽然一生没有中举，但他用毕生的精力辛勤地培养我。我今天能够考中秀才，全亏祖父悉心栽培。今年，祖父刚好 70 大寿，作为孙子，我应该感谢他，最好的礼物就是写一条寿言，既肯定他的一生，又颂扬他的精神。我想来想去，觉得只有学政大人写的寿言才能满足这两点。如果您能写一条寿言给他，就是给他最大的安慰和最贵重的礼物。因此，学生冒昧地求大人帮忙。"

叶大焯听了梁启超的话，觉得他是个诚实的孩子，说的是真心话，于是欣然接受了梁启超的请求，挥笔为梁老先生写了寿言。

梁启超回到家乡，他的父母都很高兴，祖父接过寿言，笑得合不拢嘴。

父亲问梁启超是怎么想起让学政大人写寿言的。梁启超说："我临行前，祖父问我这次考试有没有把握。我说有把握，如果我考中了，就请主考官给他写一条寿言。结果，我考中了，那我就要实现我的诺言。于是，我就如实地将我的想法告诉了学政大人。学政大人听了我的话后，真的答应了我的请求！"

祖父听后说道："孩子，你很诚实，而学政大人喜欢诚实的人，所以他才答应你为我写寿言，这正是'心诚则灵'嘛！"

童第周的两个"第一"

身不正，不足以服；言不诚，不足以动。

——徐祯稷

童第周是我国著名的生物学家。他出生在浙江鄞县（今浙江宁波鄞州区）一个偏僻的山村里，因为家里穷，他一面帮家里做农活，一面跟父亲念点儿书。

童第周慢慢长大了，他的父亲早逝，几个哥哥深明大义，将他送入了供食宿的浙江第四师范学校读书。

童第周的大哥希望童第周努力学习，将来有出息，回家乡帮助哥哥办学。但已经开阔眼界的小童第周此时心中已有另一番高远的志向：进当时省内名望极高的宁波效实中学读书。大哥既为小弟有志向感到高兴，又为小弟感到担心。小童第周坚决地告诉哥哥们："我一定能考上效实中学！"小童第周一丝不苟地进行备考，全家人都支持他。善良的老母亲经常在半夜时分悄悄起床，隔着窗户静静地注视着儿子房间的烛光……

小童第周终于考取了效实中学，成为三年级的插班生，可是他的成绩全班倒数第一。面对成绩单，小童第周流下了伤心的泪水，暗暗发誓：我一定要努力学习，争取考第一。

很快，童第周所在的寝室传出了"童第周不顾学习，经常谈恋爱到深夜"的流言，引起了关心他的同学和老师的担忧。一天深夜，数学陈老师办完事情回到学校，发现在昏黄的路灯下有个瘦小的身影在晃动，陈老师很纳闷："深更半夜的，谁还不回寝室就寝呢？"陈老师带着疑问走过去一看，原来是童第周正在借着路灯光演算习题。"这么晚了你怎么还不回寝室休息呢？""陈老师，我要抓紧时间把功课赶上去，我不要再得倒数第一名。"陈老师望着童第周瘦小的身躯，关心地劝童第周回去休息，可童第周谢绝了老师的关心，站在路灯下捧着书本继续读了起来。陈老师被深深地感动了，他理解童第周的志气，为自己有这样的学生感到自豪。

第二天，陈老师当着全班同学的面郑重地说："我明确地告诉大家，童第周是一个勤奋好学的人，并不是大家谣传的那样！凡事不要靠推测下结论，更不要用流言去中伤别人。我亲眼目睹了童第周在熄灯后去昏暗的路灯下，专心致志地演算习题。他太辛苦、太勤奋了！他值得全体同学学习！"陈老师最后提高了嗓门，"不错，童第周曾经是全班分数最低的，但一个人的成绩不能仅仅用一次考试分数来判定。衡量一个人的知识和能力，最终要看他如何走自己的奋斗之路！"

又到期末了，童第周成了全校关注的对象。这次，他终于靠自己的刻苦努力，使各科平均成绩都达到了 70 分，其中几何得了满分，引起了全校的轰动。

在自己的努力和老师的关心下，高三期末考试时，童第周的总成绩名列全班第一。校长陈夏常无限感慨地说："我当了多年校长，从来没有看到过进步这么快的学生！"

后来，童第周回忆自己童年的时候感慨地说："在效实的两个'第一'，对我一生有很大影响。那件事使我知道自己并不比别人笨，别人能做到的，我经过努力也一定能做到。世上没有天才，天才是用劳动换来的。"

1924 年 7 月，童第周在哥哥的支持下，考入复旦大学。从此，他开始了追求科学、献身事业的漫漫求索之路……

表里如一
——守诺和践约的真谛

宋庆龄信守诺言

宋庆龄，广东文昌（今属海南）人，生于上海，爱国主义、民主主义、国际主义和共产主义战士，曾任中华人民共和国名誉主席。

中华人民共和国成立后的一天，一所幼儿园接到通知，说宋庆龄奶奶要来看望孩子们。大家听了都非常高兴，把教室内外打扫得干干净净，孩子们都换上了整洁的衣服。一切准备就绪，只等宋奶奶光临。

俗话说："天有不测风云。"突然间，起风了。霎时间，倾盆大雨下起来。大家议论开了："宋奶奶可能不会来了。"宋奶奶真的不会来了吗？"嘀嘀！"大门口有汽车喇叭声。是宋奶奶来了！她不顾寒冷，冒着大雨来了。

宋奶奶笑容满面地走下汽车，走到孩子们中间。一位老师怀着歉疚的心情说："天气不好，您就改个日子再来嘛！"宋奶奶摇了摇头，认真地说："不，我不能失信，我应当遵守诺言！"宋奶奶给大家讲了一件她小时候的事。

一次，她的同学小珍约她第二天教自己叠花篮。第二天早晨，爸爸叫醒了小庆龄，对她说："今天上午，我们全家要到李伯伯家做客，你快起来穿衣服。"小庆龄听了很高兴，李伯伯家的鸽子最好玩啦！

吃早饭时，她突然皱起眉头发愁了。妈妈问道："庆龄，你为什么不高兴啊？"小庆龄坚定地说："今天上午，我哪儿也不去了！"爸爸惊讶地问："为什么？"小庆龄告诉爸爸妈妈，今天她要教小珍叠花篮。爸爸听了不以为然地说："唉，过几天学也可以嘛！明天见到她，向她解释一下不就可以了吗？"小庆龄想了想说："不，你们去吧，我在家里等小珍，我不能失信。"

爸爸没办法，为难地问妈妈："我们的罗莎蒙德（宋庆龄的英文名字）好认真哩！你看怎么办？"妈妈在中学当老师，她瞧瞧女儿说："就尊重罗莎蒙德的意愿吧，孩子是对的。中国不是有句格言叫'言必信，行必果'嘛！"爸爸被说服了，同意小庆龄留在家中。

小庆龄回到书房复习功课。9点、10点……她耐心地等待着自己的同学。11点了，小珍还没有来。中午了，小珍大概不会来了，小庆龄感到十分失望。

突然，门开了。小庆龄急忙抬起头来。"罗莎蒙德，亲爱的女儿……"原来是爸爸妈妈回来了。小庆龄跑过去拉着爸爸的手问："玩得好吗？""好极了，遗憾的是你没有去。"妈妈走过来问："你的同学来了吗？""没有来。"小庆龄回答道。爸爸一跺脚，大声说："唉，早知道她不来，就不等她了！"没想到，小庆龄摇了摇头，慢慢地说："爸爸，你说的不对。她没来，我也要等。虽然没等到，但我心里却非常坦然！"

这就是宋庆龄幼年时期遵守诺言的故事。后来，她终生都要求自己恪守信用，决不食言。

齐白石以画换白菜

以诚感人者，人亦诚而应。

——程颐

齐白石是中国著名的书画家。他一生不仅作画一丝不苟，而且品德十分高尚。虽说他是一位蜚声国内外的书画大师，但在日常生活中，无论是与名人还是与普通人交往，他都始终遵循诚实守信的道德准则。据说，齐白石与一位卖白菜的小伙子之间发生了这样一段故事。

一天早晨，齐老提着篮子上街买菜。走到市场上，他看到一个年轻小伙子卖的白菜又大又鲜，水灵灵的，挺逗人喜爱。旁边围着一些买菜的人，齐老也挤进去，拣了一棵大白菜，说："小伙子，白菜多少钱一斤？"

小伙子正要回答，一抬头看见问话的是一个精神矍铄、长着白胡子的高个子老人，顿时眼睛一亮，这不是著名画家齐白石吗？他是自己敬慕的老师呀！原来，小伙子是个高中生，喜欢画画，尤其喜欢画国画，他最喜欢齐白石的国画了。于是，他脑子一转，想出一个主意，提出要用画换白菜，用钱买不卖。

齐老明白这小伙子是认出自己来了，为了不使小伙子失望，齐老欣然答应了他的请求，并说快拿纸笔来。小伙子一看齐老这样平易近人，不摆个人架子，就高兴地跑到附近店里借来了笔墨、桌子。小伙子请齐老画一棵白菜就行，还说用他的一车菜换这张画。

小伙子把纸铺开，认认真真地磨墨。齐老拿起笔，觉得笔的质量有些差，只能勉强用来作画。为了不失信于人，齐老就用这支笔在纸上一勾一撇地画起来，不到一分钟的工夫，一棵白菜就画好了。小伙子也果断地将一车菜送给了齐老。齐老笑着说："这么多菜，我怎么拿得动呢？"

小伙子想，也是啊，怎么办呢？"哎，这样吧，您老在画上再添上一只大蚱蜢，我连车都送给您。"齐老拿起笔，又在画上添了一只大蚱蜢。

小伙子望着画，收拾了一下，推起车就要往齐老家送菜。齐老拦住他，从车上拿了一棵白菜放在篮子里，说："小伙子，这白菜一棵就够了，其他的你还是留着卖钱吧！"

小伙子说什么也不同意，两个人争执不下。忽然，小伙子放下车，对周围买菜的人说："今天这位老人家请客，这些白菜免费送给大家。"说着，便抱起白菜往别人篮子里放。不一会儿，一车白菜所剩无几了，小伙子笑着对齐老说："齐老，白菜不多了，咱们走吧！"齐白石望着小伙子忠厚的面庞，只好带着他向自家走去。

这一老一少，一个守信，一个诚实，以后竟成了好朋友。

以信立国

第二章

"退避三舍"的晋文公

> 去食去兵，不可去信。
>
> ——关汉卿

晋文公重耳是晋献公的儿子。在晋献公被立为太子的时候，重耳已长大成人。晋献公即位那年，重耳已20余岁了。晋献公二十一年（公元前656年），晋献公在骊姬的挑拨下杀死了太子。当重耳去看望晋献公时，骊姬又进谗言加害重耳。重耳非常害怕，没有向晋献公告辞就逃到蒲城去了。

晋献公二十二年（公元前655年），晋献公派宦官履鞮去追杀重耳。重耳没有办法，只好带着身边的一帮人投奔他生母的故国——翟国。这一年，重耳已经40多岁了。

重耳在翟国住了12年，还是不敢回国，只能在各国之间奔走流亡。大约在晋惠公十三年（公元前638年），重耳离开郑国，来到了楚国。

楚国是南方的一个大国。国君楚成王意识到，以后要向北发展，就要和晋国搞好关系。这使他对重耳十分重视。

重耳到楚国后，楚成王用相当于诸侯的礼节来接待他，重耳辞谢不敢接受。随从赵衰说："您流亡在外十几年，连小国都轻视您，何况大国呢？如今，楚国作为大国而坚持如此款待您，您就不必推辞了。这是上天在保佑您啊!"重耳于是以相应的宾客礼节会见楚成王。

一次,楚成王举行盛大的宴会招待重耳。席间,楚成王对重耳说道:"如果您返回故国,当上了国君,用什么来报答我呢?"重耳恭敬地说:"美女和玉帛等物,君王您有的是;鸟羽、牛尾、象牙、犀角等物,就产在您的土地上。我实在不知道用什么来报答您。"

楚成王又说:"即便如此,您总该有所表示吧,到底能用什么来报答我呢?"重耳想了一下说:"如果托君王的福,我能返回晋国当上国君,倘若有朝一日晋楚失和,我同您各领兵车在平原旷野相会,我将退避三舍,以报答君王今日的盛情!"

重耳在楚国居住了几个月后,在秦国做人质的晋国太子圉(yǔ)从秦国逃跑,秦穆公因此怨恨太子圉。他听说重耳在楚国,便派人来召他。楚成王说:"秦国和晋国毗邻,秦国国君又贤明,您就好好去吧!"楚成王准备了厚礼为重耳送行。

公元前636年,重耳在秦国重兵的支持下,趁着晋惠公死后晋国混乱,回到了晋国,当上了国君,即晋文公。这一年,重耳已经62岁了。

重耳即位的时候,楚国的势力已经达到黄河流域,有取代齐桓公称霸中原之势。晋国在经过一段时间的发展之后,内部已经统一,国土也扩大了不少,国力逐渐强盛。晋文公当政之后,更是加紧发展生产,整顿吏治,训练军队,晋国终于成了北方一大强国。

强大的晋国只有向南发展,才能成就霸业,这就必然与北进的楚国发生冲突。因此,两国之间的战争便不可避免了。

晋文公五年(公元前632年),晋、楚两国的军队终于在曹国相遇。以实力而论,楚强晋弱。晋文公为了实践自己"退避三舍"的诺言,便令晋军主动从曹国退到卫国境内的城濮。

楚国的主将子玉是一个十分骄傲的人。晋军后退,别的将领都主张楚军也撤军，子玉则坚持追击晋军，并命令楚军一直紧追到城濮，靠山扎下营寨。子玉以十分轻蔑的口吻向晋文公下了一道战书，战书上写道："我愿与君王的部下在这里游戏一番。"

晋文公派人回答道："我国国君已经报答了楚王的恩德。既然你们还不肯罢休，那就请你们准备好战车，整顿好队伍，明天早上相见吧！"

第二天，战争开始，晋军用诱敌深入、迂回抄袭的战术，打败了楚军。从此，楚国北进的计划受挫，逐渐向南退缩。晋文公的霸主地位就此确立了起来。

晋文公伐原示信

> 海岳尚可倾，口诺终不移。
>
> ——李白

春秋时期，晋国的国君晋文公是"春秋五霸"之一。他以"信"立国，赢得了百姓的信任。在他的治理下，晋国一天比一天强盛起来。

有一年，周朝天子周襄王把原伯贯的土地改封给了晋文公。晋文公预料到原伯贯不会轻易地交出土地，便传令下去，准备三天的粮草，进行强攻。

原伯贯果然不愿意归顺晋国，他欺骗城里的百姓说："晋国的军队不久前攻占了阳樊，把那里的大人小孩都杀了。现在，阳樊城里尸横遍野，血流成河。"原国的百姓信以为真，决心死守城池，不让晋军攻进来。

晋文公见原国的百姓不肯归服，便向城里喊话说："我军只准备了三天的粮草，要是三天攻城不下，我们立即撤兵，决不会伤害百姓！"

晋军两天还没有攻下城来。第三天晚上，晋国派往原国的间谍带回了"原国准备投降"的消息，说原国的百姓已经知道原伯贯的话是骗他们的。晋军将士听到这个消息后，就劝晋文公再等一等，不要马上撤兵。

晋文公则坚持撤兵。他说："我已经说过了，攻城以三天为限。如果三天攻不下，我将信守诺言，立即撤兵。你们不要再有别的想法了，就准备明天撤兵吧！"

晋军将士对晋文公的做法很不理解。有个将军劝晋文公说："既然原国已经准备投降，我们不就可以轻而易举地拿下这座城池了吗？您何必多此一举呢？"

晋文公说："我们不能只看到一城一池的得失。信用，是治国的法宝，也是安民的法宝。国君讲信用，百姓才有安全感。这次我们来攻打原国，许诺是攻城三天，这是众所周知的。哪怕我们多待半天，那也是不守信用啊！得到原国而失去信用，用什么去维护百姓呢？这样，丢失的反而更多！"

于是，第四天一大早，晋军的将士便打点好行装，悄无声息地向后撤退了一舍（即三十里）。

原国的老百姓发现围城的晋军真的撤走了，一兵一卒都没有留下，无不奔走相告："晋文公真是讲信用啊！他宁可失去原国，也不愿失去信用，这才是我们老百姓可以信赖的君主啊！"

于是，百姓们涌到城楼上，将原国的旗子降下来，然后去追赶晋文公的军队，请他们回来。原伯贯见大势已去，只得打开城门，做好投降的准备。

原国的百姓们来到了晋军的驻扎地，劝说晋军返回原国。这时，原伯贯派人送来的降书也到了。晋文公这才下令军队掉转方向，朝原国进发。晋军进城时，城中的百姓夹道欢迎，场面十分热烈。

晋文公以"信"立国，把信用当作治国的法宝、安民的法宝，他宁可失去原国，也不愿失去信用，表明他是一位言行一致的君主。

表里如一
——守诺和践约的真谛

燕昭王以信招才

诚者，天之道也；思诚者，人之道也。

——孟子

燕国是"战国七雄"中最北边的一个国家。燕昭王继位时，燕国已被权臣子之糟蹋得残破不堪，国都蓟几乎成了一片废墟。他决心改革政治，加强军事，发展生产，使燕国强盛起来。燕昭王深知：要使国家强盛，没有各方面的人才是不行的。于是，他亲自到各地去访求贤才，对有专长的人都登门求教，只要他们愿意，就聘请他们到朝廷做事。

有一位名叫郭隗的人，很有见识。他在子之作乱时，不肯与这个野心家合作，隐居深山。燕昭王听说后，亲自到深山里登门求教。燕昭王对郭隗说："齐国趁我国内乱之际，攻破我国，侵占了我国十几座城池。国家被糟蹋得田园荒芜、民生凋敝，至今还恢复不过来，令人十分痛心。因此，我诚恳地请求各方人士来帮助我国，使国家迅速强盛起来。如何起步，今天特向先生求教。"

郭隗见燕昭王有复兴燕国之志，为人谦虚宽和，礼贤下士，言辞又诚挚恳切，就说："大王所言极是，要想雪耻，就要使国家强盛起来。要想国家强盛，就要广招人才。要广招人才，就必须使天下人都知道大王爱惜人才。要是人们都知道大王重视人才，那么天下的贤才就会争着立于大王之朝，来为大王效力了。"燕昭王说："先生所言甚合我的心意，可怎样才能使天下人相信我是真正爱惜人才、重用人才呢？我确实是真心实意地求贤，怕是天下人不一定理解我的心情。"

郭隗没有立即回答燕昭王提出的问题，而是讲了一个故事。他说："古代有个国君，一心想得到一匹千里马。他花了很多钱，派了很多大臣到各地去给他购买千里马。可是一连物色了 3 年，连一匹千里马也没买到。国君非常着急。有个给国君打扫宫廷的人，自我推荐说：'大王给我千两黄金，我能给大王买到千里马。'国君求千里马的心情很迫切，就给他千两黄金，让他去买千里马。这人去了 3 个月后，背回一颗马头来。他向国君回报说：'我找到了一匹千里马，可惜那马已经死了。我想，马虽死了，也还是千里马，就用 500 金买了那匹马的脑袋。您看，这就是千里马的脑袋。'国君一听，大怒道：'我要你去买活的千里马，你却买了一颗死马头来，这有什么用？白白花去我 500 金！'这人说：'大王息怒，这颗死马头不会白买。这里有个道理，若大家都知道一匹死的千里马大王都肯出 500 金购买，更何况活马呢？天下的人都知道大王诚心诚意地要买千里马，那么要不了多久，千里马就会有人送到大王这里来了。'果然，不到一年的工夫，这位国君就得到好几匹千里马。"

燕昭王听完郭隗讲的故事，问道："先生讲这故事的意思是……"没等燕昭王再往下说，郭隗就接着说道："天下的事各不相同，但有些道理是相通的。大王如果真心实意地访求贤才，不妨从我开始，让我来给您当这马头吧。要是天下人都知道像我这样的人都受到大王的器重，那么，那些比我才能更高的人，自然就会不远千里来投奔大王了。"

于是，燕昭王郑重地把郭隗请到朝中来，拜他为师，日夜和他商量复兴国家的大计。为了表示对郭隗的尊敬，燕昭王给郭隗以优厚的待遇。当时燕国的宫殿被战火烧了，燕昭王自己都没有像样的宫室居住，和大臣们议事也是在临时搭的简陋草房内，却单独给郭隗修建了华丽的馆舍，还举行了隆重的仪式，恭恭敬敬地请郭隗到里面居住。后来，燕昭王在郭隗的协助下修筑了"黄金台"作为招纳天下贤士的地方。

这件事很快传遍四方，人们知道了燕昭王是真心实意地敬重人才，礼贤下士。一些有真才实学的人，先后聚集到燕国来。著名的军事家乐毅从魏国来到燕国，善于带兵打仗的剧辛从赵国来到燕国，精通天文地理的阴阳家邹衍从齐国来到燕国……许多豪士云集燕国，经过几十年的共同努力，燕国强盛起来。

表里如一
——守诺和践约的真谛

魏惠王纳谏改过

士可杀不可辱。

——《礼记》

　　战国时期，魏国曾威风一时，齐、秦、赵、韩等都不敢小看它。但是，魏惠王在位时，魏国连连打败仗，魏惠王倚重的上将军庞涓也战败而亡。魏国国势日渐衰弱，大片国土被他国夺去。魏惠王想重振国威，振兴魏国。

　　他召来大臣们商议，让大家想办法。

　　一位大臣站出来说："依我看，要使国家强盛起来，不受别国欺侮，首先大王要识人才、用良才。"

　　"我已经任用了你们这批大臣，这难道不是任用贤才吗？"魏惠王心里不解，反问道。这位大臣接着说："当初商鞅在我们国家做官，大家劝您重用他，可您就是不听，结果商鞅被秦国请去了。在秦国，商鞅受到重用，推行变法，使秦国强大了起来。再说孙膑，他本是个军事奇才，大王您却听信了庞涓的谗言，挖去了他的膝盖骨，结果孙膑去了齐国。后来他坐在战车上，指挥齐国大军来攻打我们。这是多么沉重的教训啊！"

　　魏惠王听了这一番话，十分羞愧地说："我知道这都是我的过错。如今国家沦落到这种地步，都是我贤愚不分所造成的。从今以后，我要痛改前非，礼贤下士，广纳天下人才。请各位多多举荐。"

魏惠王招贤纳士的消息传开后，许多贤士都来投奔魏国。像邹衍、孟子等到魏国后都向魏惠王提了不少治国安邦的建议。

有一次，魏惠王听大臣们议论说齐国的淳于髡（kūn）知识渊博，很有才干。魏惠王希望把他请来。大臣们想了许多办法，终于把淳于髡请了来。

魏惠王见到淳于髡，心里非常高兴，亲自设宴招待他。可在席间，淳于髡只顾低头吃菜，不时侧耳听听魏惠王和大臣们的谈话，自己什么话也不说。魏惠王有意挑起话题问他时，他也只是支支吾吾应付一下。

魏惠王对此非常生气，宴后将群臣训斥了一顿："你们说他有才能，我看他像个木头人！"

有位大臣急忙说："大王不可凭最初印象取人，别忘记过去对商鞅、孙膑的态度啊！"

"对！对！寡人险些又犯老毛病了。你们去探听一下，他究竟对我有什么不满意的地方，回来告诉我。"

第二天，去找淳于髡闲谈的人回来报告说："他过去求见过您两次，您都不理睬他。这次他不知道您是否真有诚意，所以才有这种态度。"

魏惠王想了好半天，说："没有呀！我没有接见过他呀！"

旁边一位大臣提醒说："投奔大王的人很多，也许大王忘记了呢。"

魏惠王召来记事官，请他查一查。果然，淳于髡曾两次拜见魏惠王。那时魏惠王因忙于接受别人的礼物，没有把心思放在淳于髡身上。

魏惠王再次把淳于髡请来，拱手行礼，谦恭地说："寡人曾两次失敬于先生，这是寡人的过错。那两次寡人在接受别人献马、献

表里如一
——守诺和践约的真谛

乐工，说明寡人那时重声色享乐，轻安邦治国。现在想起来，真是惭愧，请先生原谅！"

淳于髡看魏惠王勇于改过，态度也十分诚恳，便与魏惠王倾心交谈了起来。

秦孝公诚信用商鞅

> 以实待人，非惟益人，益己尤大。
>
> ——杨简

公元前361年，秦国年轻的君主秦孝公在都城栎阳即位执政。这时，齐、楚、魏、燕、韩、赵六国都很强大，唯独秦国地处偏远地区，经济落后，政治上也没有什么地位。秦孝公感到迫切需要有一番作为，便颁布了著名的求贤令，希望找到富国强兵的计策。他说："谁要能献出妙计，使国家迅速强大起来，我就给予他重赏！"

一天，一个年轻人风尘仆仆地来到秦国，通过秦孝公的宠臣见到了秦孝公，他就是公孙鞅。公孙鞅第三次见秦孝公时，谈起富国强兵之策，秦孝公听后非常开心，两人谈得十分投机。

公孙鞅说："要使国家强大，就不能沿用老办法；要使百姓得到实惠，就不能保留旧的制度。"秦孝公说："太对了，快说说你的具体办法吧！"

公孙鞅说："变法可以分两步走。第一步要推行四条措施，一要重农抑商，奖励耕织，特别奖励垦荒；二要废除世卿世禄制，奖励军功，反对打架斗殴；三要增加连坐法；四要推行个体小家庭制度。"

秦孝公说："真是好主意！那第二步是什么呢？"公孙鞅接着说："第二步要实行三条措施，一要废除井田制，开垦农田；二要统一度量衡；三要将全国统一设置成 31 个县。另外，还要编订户口，登记各人户籍，鼓励父亲和成年的儿子以及兄弟分家而居。"秦孝公听完，兴奋得忘了自己的身份，用两膝跪行到公孙鞅的座席前说："真是好极了！我让你当左庶长，主持这场变法！"

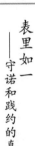

公孙鞅的变法主张，虽得到了秦孝公的赞赏和支持，却遭到守旧贵族的激烈反对，甚至连太子也犯了法。公孙鞅奏告秦孝公说："法令得不到推行，是因为上层有权势的人带头犯了法，变法的阻力，往往来自那些高高在上的养尊处优的人们。太子犯了法，是因为他的老师没有引导好，所以必须处罚太子的老师！"秦孝公说："照你制定的条例办。"于是，公孙鞅就命人在太子其中一个老师的脸上刺字，将另一个老师的鼻子挖去，以示惩罚。

公孙鞅不但主持变法，而且向秦孝公请战，亲自带兵攻打魏国，占领了魏国在黄河西岸的大片土地。

秦孝公自从实行了公孙鞅的变法措施以后，秦国就一天天强盛起来，形成了"道不拾遗，山无盗贼，家给人足"的社会风气。在诸侯国中，秦国的地位骤然上升。后来，秦孝公把於、商一带的十五邑赐给了公孙鞅，称他为"商君"。后世称公孙鞅为商鞅。

表里如一
——守诺和践约的真谛

钱镠牢记父训

五代十国时期有个吴越国，它的缔造者是钱镠（liú）。

唐宣宗大中六年（852 年），钱镠出生于临安。钱镠出生时，父亲钱宽正在别处。邻居跑来告诉他说："你家生了个男孩，他出生的时候屋里传出了兵甲声和马嘶声，乱作一团。"钱宽认为这是不祥之兆，回家抱起钱镠就要往井里扔。祖母听说后，急忙跑来，将钱镠夺下，保全了钱镠的性命，并且给他取乳名为"婆留"，意为阿婆留其命之意。

钱镠小时候就很聪明，也很有胆量。他家门外有一大片空地，空地上立了一根大木头，木头下面有块大青石。钱镠和小伙伴们常在空地上一起玩耍，在大木头下面做游戏。钱镠往大青石上一站，指挥小伙伴们集合、整队、操练，俨然是个将军。小伙伴们都乐意听他的指挥，大家玩得很高兴。

钱镠自幼学武，专爱舞枪弄棒，长大后很讲义气，言行一致，说话算数。

唐朝末年，天下大乱。钱镠参军当了偏将，后因功先后升任刺史、节度使。后梁开平元年（907 年），后梁太祖朱温封他为吴越王。

　　钱镠当上吴越王后，就摆起阔来，在临安城里盖起王宫，生活十分奢华。他经常带着车马随从出外游玩，前呼后拥，好不威风！他的父亲钱宽对此很不满。每次听说钱镠出游，他都有意避开，钱镠并不知道这是什么缘故。一天，钱镠不坐车，不骑马，也不带随从，一个人步行到父亲的住处，问道："父亲大人，您为什么老是避开我？我当了吴越王，不是光宗耀祖吗？"父亲说："咱们家世世代代靠种田打鱼为生，没有出过达官显贵。你现在做了国君，占有十三州的地盘，可是三面受敌，别人虎视眈眈，要跟你争城夺地啊！我怕你惹来祸患，所以不想见你。"钱镠听了，当下表示说："儿一定记住父亲的嘱咐，保住自己的土地，让百姓安居乐业。"

　　钱镠言行一致，说到做到。

　　南唐的地盘比吴越大得多，实力也比吴越雄厚。钱镠知道自己的处境很危险，怕南唐来攻打，不敢疏忽大意。他晚上不敢安稳地睡觉，叫人用小圆木做了个枕头。要是睡得太熟，脑袋一动，就会从木枕头上掉下来，人也就惊醒了。他把这个枕头称为"警枕"。

　　钱镠年纪越来越大，为免忘事，他特地在卧室里放了个盛着白粉的盘子，晚上想起什么事，就立刻在粉盘上记下来，免得白天忘记。他还让侍从通宵值班，如有人前来议事，就让值班的人把他叫醒，以免误事。

　　钱镠不但自己保持高度警惕，对他的将士也严格要求。在他的住宅周围，每天夜里都有士兵打更巡逻。一天晚上，打更的士兵蹲在墙根打起盹来。这时，突然飞来几颗铜弹子，掉在士兵身边，把士兵惊醒了。士兵们后来才知道这些铜弹子是钱镠打过来的，打更时再也不敢疏忽大意了。

　　钱镠还常常微服出访。一天夜里，他穿着便服出城，私访完毕，要从北门进城。这时，城门已经关了。钱镠在城外高喊："快

表里如一
——守诺和践约的真谛

开门！"看守城门的小吏不理他。钱镠说："我是大王派出去办事的，现在要急着回城。"小吏说："夜深了，别说是大王派出去的人，就是大王亲自来，也不能开城门。"最后，钱镠在城外绕了半个圈，从南门进了城。第二天，他把看守北门的小吏找来，称赞他办事认真，并且赏了他一些钱。

钱镠十分注重发展农业生产。他在位期间，做了两件极为有意义的事：一是修建钱塘江海堤和海塘，二是兴修吴中水利工程。

钱塘江的入海口十分宽阔，海潮倒灌时，海水常常冲上岸边，威胁着杭州城与周边农田的安全。钱镠下令征召大批民夫、工匠，凿石填江，修筑了一道坚固的石堤，保护了杭州城和农田。又命人把江中的巨石炸平，让舟船航行，便利了水上交通。钱镠还建造了龙山、浙江两座闸门，阻止海水内灌。他还在许多河渠上建造了堰闸，可以蓄水泄洪，防止洪灾。

吴中自嘉兴、松江到太湖沿岸，常有水旱之灾。钱镠招募士兵组成撩水军，沿河筑堤，使百姓旱时可以引水灌田，涝时可以开堤排水。江浙平原一带土地肥沃，温和多雨，再加上兴修了这些水利工程，排灌便利，因此农业生产得到了发展。百姓送给钱镠一个外号，叫"海龙王"，称赞他在兴修水利方面的贡献。还有人赞美吴越国是地上天堂。

钱镠言行一致，牢记父训，让国家迅速强大起来，百姓也过上了好日子。

第三章

秉公执法

孙武练兵

第三章

秉公执法

　　孙武，字长卿，春秋末期齐国人，著名的军事家。他在吴国为将时，主张以法治军，曾率兵攻破楚国，使吴国强大起来。他所著的《孙子兵法》一书，总结了古代的作战经验，是世界上最早的军事著作之一。

　　春秋末期，出生于齐国贵族的孙武流亡到了南方的吴国。吴王阖闾为了争夺霸主地位，迫切需要拜请一位能够领兵作战的将军。恰在这时，他得到了孙武写的兵书13篇，读完之后十分着迷。于是，派人把孙武请进宫。

　　吴王见了孙武后，很客气地说："您的兵书我已经拜读过了，其中的见解很精辟，只是不知道您能不能实际演示演示呢？"

　　孙武非常爽快地回答说："当然可以！不论男女，经过我列阵演练，都可以成为勇武善战的好兵！"

　　"从未见过战争的娇弱女子，您也能把她们训练成为好兵吗？"吴王似信非信地问。"能！"孙武斩钉截铁地回答。

　　这一天，吴王把180名宫女交给孙武训练。他想考察一下孙武的实际指挥能力，就坐在演练场旁边的高台上观看。

　　演练前，孙武先让每个宫女手持一支戟，把她们分成左右两队，分别指定吴王的两个宠姬担任队长。接着，孙武问她们："是否知道自己的心脏、背和左右手的位置？"众宫女回答："知道！"她们也好奇地想看看孙武究竟要怎么操练。

　　只听孙武严肃地说："现在，由我擂鼓发令。令向前，就朝着心脏所对的方向进击；令向左，就沿着左手的方向进击；令向右，就沿着右手的方向进击；令向后，就朝着背的方向后退。你们能做到吗？"众宫女说："能！"孙武又强调说："如果有人不听从军令，就依法斩首！"

　　众宫女平时只会唱歌跳舞，哪里晓得军法的厉害。尤其是那两个队长，仗着吴王的宠爱，根本没有把孙武放在眼里。因此，当孙武发出军令后，鼓声咚咚，令旗挥舞，众宫女不但没有依令进退，反而嘻嘻哈哈闹个不停，把队形都打乱了。

　　见此情景，孙武没有动怒。他说："大家第一次参加操练，有不明白的地方，是我没有讲清楚。"他把军令和操练要求又反复地向宫女们做了讲解，并再次强调："如果有人不听军令，就依法斩首！"

　　孙武把宫女们的队形调整好以后，再次下令。宫女们还是嘻嘻哈哈，两个队长依然笑得前仰后合。队形又被打乱了。

　　这时，孙武威严地宣布："我已经讲明军令和操练要求，可是队长却带头不听军令，依法应当斩首！"于是，他下令把担任队长的两个吴王宠姬绑了起来。

　　坐在高台上观看演练的吴王见此情景，大吃一惊，赶忙派人传旨要求赦免二姬。孙武断然回答："现在我是主将，将在外，君命有所不受。"在他的坚持下，两个宠姬被斩首示众。

　　众宫女见孙武言出必行、执法如山，操练时再也不敢怠慢。不一会儿，鼓声又起，令旗挥舞。众宫女奇迹般地排列成了一支步调整齐的队伍：前后左右，卧倒起立，就是在泥泞的草地上，她们也是按照军令进退起止，一点儿差错也没有，嘻嘻哈哈的吵闹声更是听不到了。

通过这次演练，孙武展示了他的治军才能。吴王尽管心疼他的两个宠姬，但更庆幸自己发现了一位很有气魄和胆识的将才。于是，他正式任命孙武为大将军。

孙武言出必行、执法如山，树立了军法的信用，这是他重要的治军之道。

腹䵍信守墨家原则

> 信犹五行之土，无定位，无成名，而水金木无不待是以生者。
>
> ——朱熹

腹䵍（tūn）是战国时期墨家学派的一位大学者。公元前337年，秦惠文王继承了王位，他一心想使国家更加强大，于是就把腹䵍请到宫中，向他请教治国之法。

腹䵍说："墨家的原则是，一要根据古代圣贤的先例行事，例如大禹，他勤劳为民，治理洪水，为百姓做了大好事，百姓就拥护他；二要了解当前百姓的需要，符合百姓需要的主张，都能得到百姓的拥护；三要制定施政措施，才能将国家治理得井井有条。"

秦惠文王说："先生提出的这三条原则很好。现在我再请教您，如果有人打架斗殴，该怎么处理？如果杀了人，又该怎么处理？"

腹䵍说："墨家主张'兼相爱，交相利'，也就是说，人和人之间要互相爱护，在友好交往中，共同得到最大的利益。因此，墨家最反对打架斗殴致伤人命。如果出现了这样的情况，墨家的原则是'杀人者死，伤人者刑'，也就是说，要分别处以死刑或徒刑。"

秦惠文王说："听了先生这一席话，我已心中有数了。为了国家的安定，我要向全国人民宣布'杀人者死，伤人者刑'！"

一天，两名官员来到腹䵍家中，腹䵍的儿子见了，吓得浑身发抖，直喊："父亲救我！"腹䵍问："怎么回事？"两名官员说："禀告先生，令公子打架斗殴，出了人命，所以要捉拿他！"腹䵍说："儿呀，如果真是这样，为父也没法解救你了，你跟他们去吧！"

腹䵍眼睁睁地看着自己的儿子被戴上枷锁带走，心里十分难受，因为这是他的独生子啊！没过多久，他的儿子竟毫发无伤地回家了，并对腹䵍说："父亲，大王降恩放我回家了！"

腹䵍一想，不对！他整了整衣冠，就去求见秦惠文王。秦惠文王说："先生是为令公子的事来的吗？我已经下令把他释放了。"腹䵍说："大王啊，我的确是为我儿子的事来的，但不是为了释放他一事，而是想问清楚大王为什么释放他。"

秦惠文王听了觉得十分奇怪，说："先生啊，这不是明摆着的事吗？您年事已高，又是我所尊敬的先生，我还需要借助您的智慧和经验来处理国家大事。况且您只有这么一个儿子，我有什么理由不释放令公子呢？"

腹䵍严肃地说："大王啊！我十分感谢您的好意。但是，墨家之所以主张'杀人者死'，是为了禁止乱杀人，之所以主张'伤人者刑'，是为了禁止乱伤人。禁止随意杀人和伤人，是治理国家的大原则。现在，大王虽然赦免了我那犯罪的儿子，可我仍要信守墨家学派的原则！"

尽管腹䵍只有一个儿子，但他犯了杀人罪，最后还是在腹䵍的坚持之下被依法处死了。

赵奢秉公办事

> 正直者顺道而行，顺理而言，公平无私，不为安肆志，不为危易行。
>
> ——韩婴

赵奢年轻的时候，曾担任赵国征收田税的小官。官职虽小，可赵奢忠于职守，秉公办事，不畏权势。他说："为官者当以国家为重，依法办事。"

一次，赵奢带着几名手下到平原君家去征收田税。这平原君名叫赵胜，既是赵国的相国，又是赵王的弟弟，位尊一时。平原君的管家见赵奢前来收税，根本就不把他放在眼里。管家态度十分骄横，他召来一伙家丁，把赵奢等人围了起来，不但拒交田税，还无理取闹。赵奢十分气愤，他大喝道："谁敢聚众闹事，拒交国家税收，我就按国法行事，不论他是谁！"管家仗着自己是平原君家的要人，对赵奢的话不以为然。结果，赵奢真的依照法律严肃处理了这件事，杀了平原君家包括管家在内的 9 个参与闹事的人。

平原君知道这件事后，大发雷霆，扬言要杀掉赵奢。很多人都劝赵奢赶快逃到别国去躲一躲，免遭杀身之祸。

可是赵奢一点儿也不害怕，他说："我以国家利益为重，依法办事，为什么要逃避？"他主动去找平原君，用道理规劝平原君说："您是赵国的王公贵族，不应该放纵家仆违反国家法令。如果大家都不遵守国家法律，都拒不缴纳国家田税，那国家的力量就会遭到削弱。国家一弱，就会遭到别国的侵犯，甚至还有灭国的风险。如果赵国到了那一天，您还能保住现在的富贵吗？像您这样身处高位的人，如果能带头遵守国家各项法令制度，带头缴纳田税，那么国家上上下下的事情就可以得到公平合理的解决，大家也会心悦诚服地交租纳税。那么，国家也就会强盛起来。国家强盛，这其实也是您所希望的呀。您身为王公贵族，又担当相国重任，怎么能带头轻视国家法令呢？"

一席话，说得平原君心服口服。平原君对赵奢以国家利益为重、秉公办事的态度十分赞赏，认为赵奢是个贤能的人才，就把赵奢推荐给赵王。

赵王命赵奢统管全国赋税。从这以后，赵国的税赋公正合理，适时按量收缴，谁也不徇私情。因此，国库得到充实，百姓也富裕起来。

赵奢不畏权势，秉公执法，如果人人都这样，何愁国家不强盛呢？

董宣强项震京城

东汉初年，在京城洛阳，有位被人称为"强项令"的行政长官，他就是廉正刚直、宁折不弯的"硬脖子"董宣。

东汉建都洛阳后，许多皇亲国戚、功臣显贵居功自傲，耀武扬威。其中，开国皇帝刘秀的姐姐湖阳公主更是目空一切，连续几任洛阳令都拿她没办法。刘秀本人对洛阳的治理也颇感头痛，最后，任命年近古稀、须发花白的董宣担任洛阳令。

开始时，京城的权贵们谁也没把这个"糟老头"放在眼里。一天，湖阳公主的恶仆在街上闲逛，因为一点小事和人发生口角，结果不由分说就把那人给杀了。董宣知道了这件事，立刻下令逮捕那个恶仆。那恶仆知道惹了祸，就躲进湖阳公主的府中不出来。董宣派人昼夜监视湖阳公主的住宅，并下令：只要恶仆一出来，立即逮捕。不久，监视的人回来报告说，犯人跟湖阳公主的马车一同出来了，只是公主在场，没办法下手。董宣一听，立即带人拦住了公主的马车。湖阳公主坐在车上，看着这个拦住自己马车的白胡子老头，傲慢地问道："你是什么人？竟敢拦本公主的车！"董宣上前施礼，恭敬地说："小人是洛阳令董宣，有人报告杀人罪犯正藏在您

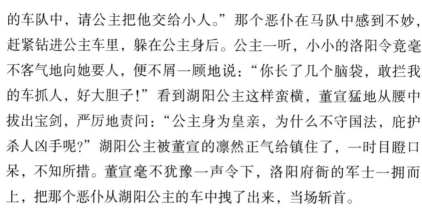

的车队中，请公主把他交给小人。"那个恶仆在马队中感到不妙，赶紧钻进公主车里，躲在公主身后。公主一听，小小的洛阳令竟毫不客气地向她要人，便不屑一顾地说："你长了几个脑袋，敢拦我的车抓人，好大胆子！"看到湖阳公主这样蛮横，董宣猛地从腰中拔出宝剑，严厉地责问："公主身为皇亲，为什么不守国法，庇护杀人凶手呢？"湖阳公主被董宣的凛然正气给镇住了，一时目瞪口呆，不知所措。董宣毫不犹豫一声令下，洛阳府衙的军士一拥而上，把那个恶仆从湖阳公主的车中拽了出来，当场斩首。

这下子可惹怒了湖阳公主，她不仅失去了一个奴仆，更在光天化日之下丢了面子。她狠狠瞪了董宣一眼，调转车头直奔皇宫。见到刘秀，湖阳公主又哭又闹，非要让刘秀马上杀了董宣为自己出口恶气。刘秀听了湖阳公主的哭诉，马上召董宣入宫，让卫士当着湖阳公主的面用鞭子抽打董宣。董宣面无惧色，冲着刘秀大声说："陛下不必如此，待臣把话讲明，死也无妨。"刘秀一脸不高兴地说："你当众冲撞了我姐姐，罚你不应该吗？"董宣严肃地说："陛下乃大汉朝的中兴之主，向来注重德行，您自己说过要用文教和法律来治国，现在公主在京城纵奴杀人，陛下不但不加以管教，反而责打执法的臣下，国法还有没有用？日后谁还当这个洛阳令？现在臣说完了，陛下也不用打，臣现在就去死！"说完，董宣挺着脖子就朝殿上的大柱子撞去。两边的卫士来不及拉住，董宣撞得头破血流。刘秀早已被董宣的话打动，赶紧叫人将董宣死死抱住，并说："董宣，你只要给公主磕个头，赔个不是就行了。"可董宣偏不妥协，他说自己没错，宁死也不磕这个头。刘秀想给姐姐一个台阶下，就让站在身后的内侍去按董宣的头，董宣用两只手撑地，硬挺着脖子坚决不低头。内侍们被董宣的浩然正气所震动，看出刘秀只是想给公主个台阶下，所以按了几下就说："陛下，董宣的脖子太硬，实在按不下。"刘秀听了，情不自禁地笑出声来，随即挥了挥手，将董宣放了。

湖阳公主看了这惊心动魄的一幕，知道董宣舍身护法，连皇帝也不怕，并不是专门让自己丢面子，气也就消了一半。刘秀乘机劝服了湖阳公主，平息了这件事。

从此，"强项令""硬脖子"的美名传遍了京城，权贵们顿时规矩多了。当时洛阳流传着一句民谣："枹鼓不鸣董少平。"意思是说，董宣当洛阳令，没人敢胡作非为，所以也就没人去府衙击鼓鸣冤了。

不畏权贵，舍命护法，"硬脖子"董宣留给后人多少启示啊！

盖勋公私分明

> 人们的举止应当像他们的衣服，不可太紧或过于讲究，应当宽舒一点，以便于工作和运动。
>
> ——培根

东汉末年，汉阳郡长史盖勋到任不久，凉州刺史梁鹄即来拜见。

寒暄之后，话即转入正题。

"盖大人，梁某有一事请教。"梁鹄开口道。

盖勋忙道："不必客气，梁大人请讲。"

"是这么回事。"梁鹄靠近盖勋，附耳低声说道，"我治下一个小吏日前呈状告发武威郡的太守，说他贪赃枉法，草菅人命。盖大人，你看怎样处置？”

"罪证可是确凿？"盖勋问道。

"罪证倒也确凿，只是……"梁鹄说到这里，把话停住，望着盖勋，观察他的反应。

"只是什么？既然罪证确凿，理当呈报上司，按律论处！"

"唉！盖大人难道不知道，这武威郡的太守乃是太后的内亲……"

"这我知道！"

"那盖大人知道那告发的小吏是谁吗？"

"倒也不知。"

"是苏正和！"

"什么？"

一听是苏正和，盖勋面色陡变，一下子迟疑了起来。

这苏正和是什么人？为什么盖勋一听到是他便神色大变？

原来，这苏正和过去曾为一件私事与盖勋结下冤仇，盖勋为此一直耿耿于怀。现在报复的机会来了，盖勋会怎样处理这件事呢？

盖勋侧身问梁鹄："梁大人，你看这件事怎样处理才好呢？"

"盖大人，"梁鹄说道，"太守朝中有人，得罪不得，我想不妨给那苏正和诬告上司之罪，投入牢狱，然后……"说到这里，梁鹄的声音更低了。

盖勋一下子就明白了，梁鹄因怕得罪权贵，丢掉乌纱帽，便设下这杀人灭口之计。来找他商量，是要他与之合谋，日后好互相包庇。盖勋冷笑一声，说道："梁大人足智多谋，果真名不虚传啊！"

梁鹄洋洋自得地说："不敢当。只是这样一来，既可为太守开脱，又可为大人您报仇，真可谓一箭双雕啊！"

"糊涂！"大出梁鹄意料，盖勋一下子发起怒来，"苏正和秉公行事，告发赃官，光明磊落，怎么能因他是我的仇人便不分良莠，欲置他于死地呢？"

"这……"梁鹄一时不知说什么好。

盖勋接着说："梁大人，你这样做，难道于心无愧么？"

盖勋这样一讲，圆滑的梁鹄急忙赔笑，改口说道："盖大人说得极是，怎能诬良为奸，颠倒黑白呢？卑职回去，立即秉公审理此案。"

梁鹄回衙后，果真将太守缉拿归案，但后来还是从轻发落，并未定罪。

不久，苏正和知道了这件事，他非常感激盖勋的宽宏大量，特地登门拜谢。

不料，苏正和却吃了闭门羹。盖勋派人传话说："公事是公事，私仇是私仇，我不是庇护你苏正和，而是维护法纪，你别以为我已经忘却了对你的仇恨！"

曹操割发自罚

> 人必其自爱也，而后人爱诸；人必其自敬也，而后人敬诸。
>
> ——扬雄

东汉末年，曹操把汉献帝迎到许都，自己总理军国大事。建安三年（198 年）夏，曹操率领大军出征。他在行军路上看见已经成熟的小麦长势很好，田野里金灿灿的一片，心里十分高兴。但是他又看到，因为兵连祸结，老百姓逃难在外，麦田里很少有割麦的人。

为了保护已经成熟的小麦，曹操传令全军："全军将士无论是谁，都不许践踏麦田，损坏庄稼。违令者一律处以死刑。"

曹操率领的军队浩浩荡荡地前进，途中遇到麦田时，官兵们都下马以手扶麦，有的人甚至笼住马头，小心翼翼地走路，只有曹操没有下马。谁也不敢糟蹋庄稼。

有一天，曹操骑马正行。忽然一群斑鸠从麦田中惊起，"吱哇吱哇"地叫着从曹操的坐骑前一掠而过。那马眼生，受惊后狂奔起来，窜进了一块麦田，踩倒了一片小麦。

当众人把马拦住后，曹操立即叫来主簿，很认真地说："我不小心让马受了惊吓，把老百姓的麦子踩倒了。我已经犯了军法，请你治罪吧。"说完，就从马上跳了下来。

主簿说："自古刑法是对不尊贵的人使用的，我怎么能治您的罪呢？况且，马践踏麦田是因为惊吓所致，又不是故意的。"

曹操听了，很生气地说："军法是我制定的，是我宣布。现在我违反了军法，不加惩处，如何服众？你不肯治我的罪，我就自刎吧！"

曹操说完，拔出宝剑就要自刎。旁边的人手疾眼快，赶忙夺下宝剑，全都跪在地上苦苦哀求："您重任在身，许多事情都等着您去办。怎么能够如此轻生呢？如果您死了，谁带领我们去打胜仗呢？"

曹操沉吟良久，才叹了口气说："你们讲的也有道理。不过我犯了军法，也不能不受惩罚呀！"

说完，他就从旁边的人手中夺过宝剑，"唰"地一声，用宝剑割下自己的一束头发，掷在地上，然后说："就让我以发代首、割发自罚吧！"

接着，曹操让人把他的头发放在一个小匣子里，传示三军，并宣布说："主公犯法，本当斩首，今从众将之请，割发代罚。"

全军将士看到曹操如此带头守法，既感动又佩服。此后，军中便再没有人敢违犯军法，军队的纪律更加严明了。

李离错判自罚

> 言忠信，行笃敬。
>
> ——《论语》

李离是晋国执掌司法的大臣，是一个秉公执法的人。有一次，他在判案中，因听察案情有误而错杀了一个无辜的人，按照律例，他必须处以死刑。李离依法办案，决定自罚。晋文公想赦免他，但李离一再主动要求处死自己，甚至不愿走出监牢。他还写了一份言辞恳切的奏章，说自己是执法大臣，更应该以身作则，恳请晋文公治自己死罪。晋文公愁容满面，不知如何是好。最后，有人为他出了个主意：让丞相去说服李离。

丞相到了监牢，听说李离已经绝食三天了。他想出一个好办法：以喝酒为名，劝李离吃东西。果然，他略施小计就轻而易举地使得李离进食了。但是，他想劝说李离放弃自罚的目的却没有达到，李离像中了魔似的，求死之心丝毫没有动摇。

一计不成，晋文公只好亲自出马了。他来到监牢，紧紧地抓住李离的手说："本王命你掌管司法以来，社会安定，这是晋国之幸，

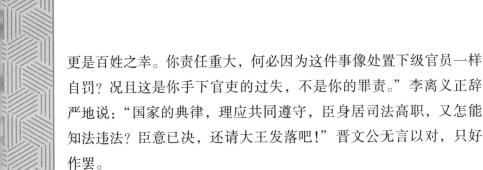

更是百姓之幸。你责任重大，何必因为这件事像处置下级官员一样自罚？况且这是你手下官吏的过失，不是你的罪责。"李离义正辞严地说："国家的典律，理应共同遵守，臣身居司法高职，又怎能知法违法？臣意已决，还请大王发落吧！"晋文公无言以对，只好作罢。

无奈之下，晋文公只好顺从了李离的意愿。正当他要下令的时候，宫门外聚集了许多为李离请愿的百姓。他们振臂疾呼："李大人清正廉洁，大王不可杀他！""人非圣贤，孰能无过？"……晋文公把自己的无奈告诉了百姓，其中一人想出了一个办法：让李离错判的受害人的妻子出面，恳请李离不要自罚。晋文公有些为难，人家刚刚失去了丈夫，怎么愿意做这种事呢？这时，却见一女子拨开众人，上前来说："我愿意随同前去！"此人正是受害人的妻子钟氏。

李离一见钟氏，立即跪倒在地。钟氏劝慰李离："人死不能复生，大人又何必过分自责！大人是国家栋梁，只要大人为民请命，夫君在天之灵也一定会原谅你的！"李离却说："我李离知法又怎能违法，你回去吧！"钟氏告诉李离，全城百姓都跪于宫门外，等待他走出监牢。李离听了此话，犹豫了一下，走了出去。宫门前跪满了百姓，强烈的阳光照射在广场上，他们的头上冒出颗颗汗珠。

李离连忙对百姓们说道："各位乡亲，快请起来。"但大家却一动不动，其中一人说道："大人若不答应放弃自罚，我们就跪地不起。"李离答应了大家，他说："我扪心自问，并无大功，却得大家如此厚爱，我倍感不安。然而，若一旦执法不严，执法者违法，则典律何以服人？"说着，他迅速从一侍卫腰间拔出佩刀，架在自己脖子上，说："我深受大王之恩，感谢各位乡亲之情，然我无以为报。既然大王不肯批复，我唯有自刎以儆效尤。"随着佩刀"咣"的一声落地，李离也应声倒下。晋文公抚尸大哭，百姓也失声痛哭。

隋文帝严惩恶子

　　隋文帝杨坚登上皇位后，常常教育自己的孩子要勤政爱民，躬行节俭。他还特意告诫孩子们说："治理国家，必须树立法制的权威，取信于民。我朝的法律任何人都必须遵守，不管是谁犯了法，都要受到惩处。"

　　隋文帝杨坚有 5 个儿子，他们分别叫杨勇、杨广、杨俊、杨秀和杨谅。三皇子杨俊在平灭陈朝、结束南北分裂局面的过程中立了大功，被封为秦王。他既是功臣，又是皇子，觉得国法是管不到自己头上的，于是就放纵自己，胡作非为。他和他的手下仗势欺人，霸占别人田产，抢夺百姓妻女，而且放债求利，下层官吏和百姓深受其苦。

　　隋文帝听说杨俊干了许多违法乱纪的事，勃然大怒，立即派人查办此事。开始时，他还念及父子之情，只是惩办了杨俊的手下（受牵连而有罪的有一百多人），以为这样可以使杨俊有所收敛。

　　谁知杨俊恶习难改，他不但依然我行我素，而且竟依照皇宫的规格来营造自己的王府，奢侈华丽到了极点。同时，他还从民间搜罗了大量的美女、歌妓，供自己寻欢作乐。

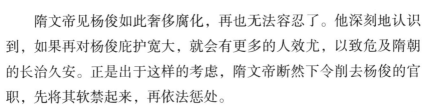

隋文帝见杨俊如此奢侈腐化，再也无法容忍了。他深刻地认识到，如果再对杨俊庇护宽大，就会有更多的人效尤，以致危及隋朝的长治久安。正是出于这样的考虑，隋文帝断然下令削去杨俊的官职，先将其软禁起来，再依法惩处。

这件事在朝中引起很大的震动。左武卫将军刘升以为这只是隋文帝的一时气愤之举，等气消了就没有事了，于是就向隋文帝进谏说："秦王功劳很大，现在只不过是多花了朝廷几个钱把王府修整一下，也算不了什么大错，臣以为可以宽容，稍加惩罚之后还是恢复他的官职吧！"

隋文帝说："国家的法律是不能违反的。皇子犯了法，也必须受到惩处。"刘升还是一个劲地为杨俊求情，劝隋文帝恢复杨俊的官职。直到隋文帝脸上显出愤怒的样子，刘升才停止了劝谏。

这之后，朝廷重臣杨素也来进谏，说秦王虽有过错，但不应受到这样重的惩处，请隋文帝宽宏大量，对杨俊手下留情。隋文帝对杨素说："王子犯法，与民同罪。如果按照你的意思办理，那为什么不针对皇子们特别制定一套法律呢？我倒是想赦免他，可是国法饶不了他啊！过去，周公还诛杀其弟管叔和蔡叔呢，我诚然远远不如周公，但也不能损害法律啊！"杨素听了隋文帝的这一席话，也就不好再说什么了。

杨俊听说隋文帝拒绝了大臣们的请求，知道自己罪不能免，又急又怕，吃不下，睡不安，很快就病倒了。他在病中给隋文帝写了封认罪书差人送去，请求对自己从轻发落。

隋文帝对送认罪书的人说："你回去告诉三皇子，他犯的罪国法难容。我惩处他，心里也很难过，但只有这样做，才能使子孙后代有所警惕，不敢再胡作非为。不然的话，大隋的天下会被很快断送的。"杨俊听了这话，病情加重，不久就死去了。

杨俊死后，隋文帝下令将杨俊的府第充公。

言出必行的李光弼

李光弼是唐朝著名军事将领，他雄才大略，以智勇双全、治军严整著称，其军事指挥才能非凡，为人严肃、果断、刚正不阿。从幼年时期起，李光弼就善于骑射。从军后，他在治军管理和指挥作战方面，逐渐显露出卓越的才能。由于他治军严整，指挥有方，被郭子仪推荐当了河东节度副使。后来，他和郭子仪一起率军打败了安禄山和史思明，为彻底平定"安史之乱"作出了巨大的贡献。

李光弼在统军作战期间，执法严明、军令如山、赏罚分明、威振三军。在一次战斗中，他所率领的部队中，有一员大将持利矛刺杀了数名敌人，而同时也有人在迎战敌人时不战而退。李光弼对以矛刺敌者赏绢五百匹，对不战而退者处以斩刑。他赏罚分明的治军方式，使得部下在作战时能够奋勇争先，一往无前。

李光弼的部下都知道他言必信、令必行，执行军令严格无情。唐肃宗即位后，诏令李光弼担任户部尚书。当时太原节度使政令不行，由侍御使崔众统率驻军。唐肃宗诏令崔众，让他将兵权交给李光弼。然而，崔众却自恃自己是侍御使，仗着唐肃宗和朝廷中一些重臣的垂青，在军中狂妄自大，不可一世。崔众过去还时常侮辱太

第三章
秉公执法

81

原节度使，如今要他把兵权交给李光弼，他心中根本不服气。于是，他就想故意为难一下李光弼。他见到李光弼时，故意不行军礼，并表示不能即刻交出兵权，以此给李光弼难看。李光弼对崔众这种狂妄傲慢和违抗军令的行为感到非常愤怒，立即下令把崔众抓起来，准备以军法治罪。正在这时，唐肃宗又派来使者，传旨诏令崔众为御史中丞。李光弼的部下看到这种情形，就劝李光弼说："皇上很器重崔众，最好还是把他放了吧！"李光弼断然拒绝了，仍坚持按军法处置崔众。他正气凛然地说："崔众违抗皇上的诏令，故意不交出兵权，置军法军令于不顾，理应当斩。我现在要斩的是侍御使崔众，如果使者要宣布诏令，崔众纵然是御史中丞，官职比我大，我也要依照国法军纪将其斩首。"次日，李光弼在碑堂下将崔众当众斩首。唐肃宗派来的使者，十分敬畏李光弼，始终没敢把诏令拿出来宣读。

　　李光弼执法如山斩御史的消息不胫而走，全国上下反响强烈。在他统率的军队中，将领和士兵个个受到很大的震动。而一些昔日里受崔众欺压的将士，则扬眉吐气，拍手称赞。从此以后，李光弼的军队中谁也不敢违背军令、军纪了。

　　正是因为李光弼带出了一支军纪严明的军队，在随后进行的太原保卫战中，他才能以少胜多，以不到1万人的军队打败了史思明率领的10万军队，取得了防御作战的胜利。在这场战斗中，李光弼用弱势军队先后斩杀了叛军7万多人，不能不称之为军事史上一个成功的战例。

海瑞惩奸拒贪

明世宗嘉靖三十七年（1558 年）五月，以刚正清廉名闻当时的海瑞，由福建南平教谕（县里主管文教的官员）升任浙江淳安知县。淳安地处山区，土地硗薄，除茶竹杉柏外，别无所产，百姓终岁饥寒。而淳安又处新安江下游，官船一日数至，仆役迎送，花费巨大。有的官员乘机勒索，更使百姓如置身于水火之中，度日艰难。海瑞为此忧心如焚，日夕难安。有人劝海瑞给上司馈送银两，以图升迁京官，否则就会大祸临头，连县令职位都保不住。海瑞断然拒绝说：“我宁愿充军砍头，也决不为一己之私利做这种误国害民的卑劣事情。”

不久，奸相严嵩党羽、浙直总督胡宗宪的儿子路过淳安，驿吏遵照海瑞要廉洁奉公、节省驿费的嘱咐，没有丰厚地招待他。胡宗宪的儿子以为海瑞有意轻慢，便倚仗其父权势，叫人将驿吏吊打一顿。海瑞闻知消息，十分愤慨，但对方是总督之子，来头不小，硬碰实为不利，必须想个良策才行。他在衙内来回踱步，苦思多时，终于想出了一条妙计。

第二天，海瑞亲带衙役，前往驿店搜查赃银。胡宗宪之子闻报，咆哮如雷。他倚仗父势，哪里把海瑞放在眼里，走出门来大声叫道："我乃总督公子，好你个海瑞，胆大包天，一个小小的知县，竟敢在太岁头上动土，你难道不怕丢官去职吗？"

海瑞疾言厉色地说："总督大人一向清廉自持，体恤民情，多次嘱咐接待过往官员要力求简朴，勿要铺张。何方小人，竟敢假冒胡公子之名，勒索财物，吊打驿吏，真是无法无天。来人，快给我搜！"

衙役们得到命令，立即冲入店中搜查，胡宗宪的儿子和家丁们哪里抵挡得住。不一会儿，衙役们就从胡宗宪儿子的住房中搜出一千多两银子，海瑞将这些银子全部充公。回衙后，海瑞又亲写公文，向胡宗宪报告抓获"骗子"的经过及处理赃银的情况，并派人把"骗子"押往杭州总督衙门，要求胡宗宪予以严惩。

胡宗宪看到公文，见海瑞在文中故意称赞自己是爱民如子、体恤民情的好官，要求自己严惩冒名行骗、勒索害民的儿子，哭笑不得，脸上红一阵、白一阵，半晌不语。他恨不得马上把海瑞抓来痛打一顿，以除恶气，但海瑞手中有他的把柄，传扬出去，有碍名声。他只好强抑怒火，忍气吞声，待以后再设法报复。

此事过后不久，严嵩党羽鄢懋卿又以副都御史的身份出京，经理东南盐课。他借此机会大肆敲榨勒索，仅扬州一地，即搜刮银子二三百万两。他到杭州后，众官员均极力逢迎，献送厚礼，盛宴接待，一掷千金，还点选美女作他的侍妾。他坐的八人大轿，轿夫多达一百多人。沿途吏民闻他将至，比遇到倭寇登陆还害怕。可是他贪婪无耻至极，还要伪装成廉洁君子。他刚进入严州地界，即命人牌示各县："素性简朴，不喜逢迎，饮食供帐，俱宜俭朴为尚，毋得过多华侈，靡费里甲。"

海瑞早闻鄢懋卿贪鄙之名，怕他来县勒索，侵扰百姓，便派人送上禀帖："县小民贫，不足奉迎大驾。书吏贪索，有损大人爱民清名。照牌示办事，又恐难辞简慢之罪。事正两难，望乞明示。"鄢懋卿接到禀帖，勃然大怒。他本欲亲到淳安，示以颜色，继而想到牌示已出，言行相悖，如揭露出去，诸多不便。又闻海瑞刚直孤傲，胡总督的公子尚为所惩，自己也犯不着去硬碰钉子，于是便绕道他去，未到严州。

严州知府见鄢懋卿不来严州，认为是海瑞闯下大祸，怕自己受到牵连，十分恐惧。等到海瑞来禀见时，他便拍桌大骂："你小小知县，竟敢得罪上官，岂不是自找死路么？"海瑞也不申辩，待知府怒火平息后，方作揖告退。

事过多日，知府未见鄢懋卿报复，悬心方落，笑着对海瑞说："上次错怪了你，淳安百姓又脱一难，真是大幸。"淳安百姓后来闻知此事，都赞扬海瑞是不畏权贵、爱民如子的好官。

后来，胡宗宪、鄢懋卿与巡盐御使袁淳密谋，寻找海瑞差错，乘机报复。袁淳弹劾海瑞"倨傲弗恭，不安分守"。海瑞虽无可指摘，但最终还是失去升迁机会，赴吏部另听调遣。临行之时，淳安百姓感念海瑞爱民之德，便请担任刑部郎中的淳安人徐廷绶执笔写了《海刚峰先生去思碑记》，并刻石留念。

戚继光审舅

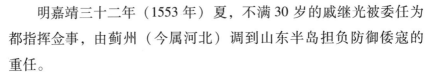

应该热心地致力于照道德行事，而不要空谈道德。

——德谟克利特

明嘉靖三十二年（1553 年）夏，不满 30 岁的戚继光被委任为都指挥佥事，由蓟州（今属河北）调到山东半岛担负防御倭寇的重任。

戚继光来到海防前哨后，发现这里各个兵营哨所的纪律极为松弛，常常发生兵卒拒不服从军令的事。

没有严格军纪的军队怎能打仗？戚继光决定对队伍进行彻底整顿。

军中有一个队长是戚继光的小舅，此人历来放荡不羁。戚继光调来后，他以长辈自恃，更是飞扬跋扈，狂饮烂醉，辱骂士卒，破坏军纪，为所欲为。戚继光决定拿他开刀。

一天，戚继光把他的小舅找来，严肃地对他说："舅父，你可知道，国有国法，军有军纪！"小舅大模大样地回答："老舅我当兵多年，怎么会不知道这些？"戚继光冷笑了一声，说道："那你为什么要明知故犯呢？"小舅一直以为戚继光是自己的外甥，不会把他怎样，因此，仍是一副不理不睬的样子，说道："我这个队长当得好好的，犯了什么法了？"戚继光见他一副傲慢的样子，陡然变色，一下子站了起来，厉声说道："作为你的外甥，我理应尊敬你；但作为你的长官，我却不能容忍你这种目无法纪的放荡行为。你不用狡辩，违反军纪之事，我早已详细记载！"说完，戚继光便命侍卫取出一本记事簿，一条一款地把他小舅在何时何地发生的乱纪之事念了出来。念毕，戚继光厉声问道："你可知罪？"小舅一下子蔫了，低声下气地哀求道："求你看在舅甥的情份上，宽恕我这一次吧！""不能正己，焉能正人？我宽恕了你，又怎能管教各营将士？"戚继光严正地拒绝了他小舅的乞求，按军法规定，命士卒将小舅拖下去打了40大板。

从此以后，戚继光的小舅循规蹈矩，再也不敢违反军纪了。其他各营兵卒见戚继光铁面无私，执法严厉，也都严格要求自己，破坏军纪的情况大减，军队的作风大变。

戚继光在他写的论带兵之道的《纪效新书》中有这样一段话：

"凡赏罚，军中要柄。若该赏处，就是平时要害我的冤家，有功也是赏，有患难也是扶持看顾；若犯军令，就是我的亲子侄，也要依法施行，决不干预恩仇。"

第四章

襟怀坦白

崔枢不贪宝珠

　　唐朝有个书生叫崔枢，他客居汴州（今河南开封）时，与一个外地商人同住。商人见崔枢忠厚诚朴，十分敬佩，两人成了很要好的朋友。

　　不久，商人得了一种怪病，很快便瘫痪在床。异乡卧病，倍感凄楚。崔枢竭尽全力为他请医治病，熬药煎汤，照顾十分周到。谁知药石无效，商人的病情日渐加重，崔枢着急异常，却束手无策。

　　一日，商人将崔枢唤到床前，握着他的手一边喘气一边说道："我与你萍水相逢，你对我毫不嫌弃，待我恩深情重，可我这身体很难康复，让你白忙一场，真是过意不去。"说到这里，他指着枕边一个小小的描金漆箱说道："此箱内藏有我家祖传的一颗宝珠。此珠藏之于身，可以冬暖夏凉，乃无价之宝，为表感谢，我将它送给你，请你不要推辞。"崔枢闻言赶忙说道："你的心意我心领了，但这宝珠是你的传家之宝，我是万万不能收受的！"商人又道："这是我的一片至诚，你就不必推辞了。"但是崔枢始终不肯收下。商人深深叹了一口气说："你真是个贤德的人，我能有幸与你结交，

89

真是虽死无憾了！"

几天之后，商人逝世。临终时，他托崔枢暂将宝珠保存，如日后他的子女来运枢返乡，便将它交付给他们，崔枢慨然允诺。

大约过了一年。一天，崔枢正准备收拾行装返回老家，州府派来两名差役，不由分说地将他捆绑起来。崔枢大惊，问道："我所犯何罪？"差役边推边说："到了公堂你自然知晓！"

崔枢来到公堂后，州官把惊堂木一拍，说道："大胆崔生，你枉读诗书，有辱圣贤，可耻可恶！赶快将你谋窃的宝珠交出来，免动大刑！"崔枢更是惊诧，回禀道："学生历来奉公守法，所谓行窃之事，不知从何说起，求大人明示！"州官厉声说道："你还要狡辩么？你听着，据本官所查，你曾与一外地商人同住，过从甚密。那外地商人死后，他的一颗宝珠不知去向，不是你窃走还有何人？如今，那外地商人的亲眷已来索珠，你赶快交出，否则，严惩不贷！"

崔枢这才明白过来，便坦然说道："确有此事，但学生并未行窃啊！"于是，崔枢将事情从头至尾地讲了一遍，最后，他说："商人死后，学生怕那宝珠带在身边会有闪失，日后无物归还原主，也愧对亡友，便将它藏于死者灵枢之内，大人倘若不信，可开棺验证。"

听了崔枢的这番陈述，半信半疑的州官立即命人掘坟开棺。果然，那颗玲珑闪亮的宝珠确实放置在死者的遗骸旁边。

这时，州官转怒为喜，抱歉地对崔枢说道："本官一时鲁莽，让世兄受屈，得罪，得罪！"他见崔枢对此毫不介怀，接着又说："世兄见财不贪，非礼勿动，令人钦仰，本官当呈报上司，通令表彰。"

崔枢乐于助人、重义轻财的美德，很快就传遍了汴州城，受到人们的热烈赞扬。

裴度诚归玉带

裴度是唐朝一位很有作为的政治家，一生数度出任宰相。可是，裴度的相貌很丑，还是矮个子，常常被同伴嘲笑，说他天生一副"穷相"，将来不会有出息。

可裴度不在乎别人说什么，他想："只要自己不欺心、不欺人，诚实、努力，将来一定会有所成就的。"

裴度年少时，有一回送朋友出城，归途中，他顺路绕到郊外的香山寺去玩。这天正是九九重阳节后的第二天。香山寺内外，烧香还愿、登高赏菊的人来来往往，络绎不绝。裴度在寺外的集市上买了一个茱萸袋，他把茱萸袋挂在衣襟上，嗅着浓浓的香味，一边走一边欣赏眼前的秋景和寺里的建筑。

玩了半天，裴度觉得腿脚累了，就坐在大殿的门槛上歇息。这时，天色渐晚，寺里烧香的人已经没有几个了。忽然，有一位中年妇人急匆匆地走上殿来。她虽然穿着整齐，却面带愁容，鬓发凌乱，肩上挎着个绸布包裹，两手放在胸前紧紧挽着包裹的扣结。妇人经过裴度身边时，大概是闻到了茱萸的香气，忽然停住了脚步，两眼闪着泪花，直盯着裴度衣襟上的茱萸袋。她愣了一会儿，才转身走进殿去。这奇怪的举动引起了裴度的好奇心，他的目光跟随着妇人。只见那妇人走到佛像前，略微迟疑了一下，才将肩上的包裹小心翼翼地拿下来，轻轻挂在身旁的栏杆上。然后，她拈起几柱香，点燃插进香炉，又跪在佛像前的蒲团上，虔诚地祝告起来。裴度远远看到那妇人的头深深伏下去，肩头不断抽动，显然是在努力压抑着自己的哭声。裴度心想："这妇人样子可怜，一定是家里发生了很不幸的事情。"又想起她刚才盯着茱萸袋发愣的样子，想到当年大诗人王维的名诗《九月九日忆山东兄弟》。

裴度由此推测这妇人一定是有什么亲人失散了，所以才在这九九重阳的日子里，到寺庙里来祝告亲人重新团聚。

这时，又有几个烧香的客人走进寺里，他们一边走，一边高声谈笑。声音惊动了那位妇人，她急忙站起身，用罗帕掩着脸，大概是怕别人看到她痛哭的样子。只见她低着头，踉踉跄跄地向寺外走去了。裴度目送着她的背影消失在寺门外，无意中，他发现那妇人的包裹还挂在栏杆上，忘记带走了。他赶忙跑过去，拎起包裹就往外追。等他追出寺外一看，那妇人已经不知去向，远远地可以看见有几辆马车在奔驰，也不知妇人是坐的哪辆车离去的。

裴度跺着脚，连声说："这可怎么办？这可怎么办？"他想："看那妇人小心翼翼的样子，包裹里面肯定是什么贵重的东西，她已经悲痛万分了，再把包裹丢了，这不是要她的命吗？"转念又想："如果包裹中是贵重东西，那妇人发现丢失之后，肯定会回来寻找的。我就在这里等她回来，到时当面交给她。"于是，裴度索性坐在寺门外，望着通向远处的大道，盼着那妇人尽早回来寻找失物。

可是，左等右等，总是不见那妇人回来。天色已晚，西边天空只剩下一片血红的晚霞。寺里打扫庭院的和尚走过来，见裴度孤零零地一个人坐在门外，就好奇地问："这位小施主，为何在此久坐不去？"裴度答道："我在等一位丢失东西的客人。"和尚说："现

表里如一
——守诺和践约的真谛

在天色已晚，那位客人大概不会回来了。若是信得过我，可否让我替您转交给他？"

裴度想了想说："不，还是我亲手交给她才放心。我家住在城里，回去晚了，父母要责怪。看来今日也等不到她了，我先赶回家去，明日一早，我一定赶来等她。"

当天晚上，裴度将包裹枕在头下，久久不能入眠。他回想着那位妇人悲痛的样子，决定不管花多大气力，也要找到她，将包裹亲手交到她手里。

第二天，裴度起了个大早。他背起包裹，带了些干粮，动身赶往香山寺。当他赶到寺门外时，昨天遇到的那个和尚正在打扫门前的落叶。见到裴度气喘吁吁地赶到，和尚说："善哉善哉，小施主真是一位至诚至善的人啊！"

不一会儿，一辆马车飞奔过来，停在寺门外。车夫扶着一位妇人走下车来，裴度定睛一看，正是昨天那位妇人。只见她面色苍白，两眼发直，已经不能自己走路了。车夫扶着她走过来，对和尚说："我在路上见有人晕倒，叫醒她之后，她求我送她来香山寺。我看她实在可怜，就送她来了。"

这时，那位妇人抬起头来，焦急地问道："请问师父，昨日有没有人拾到一个包裹？"不等和尚回答，裴度已走上前去，把包裹递到妇人手里说："您的包裹在这里。"妇人双手紧紧捧着包裹，两眼望着裴度，一下子跪在地上，泣不成声地说："您真是我家的大恩人啊！"

妇人打开包裹，里面是两条镶满珍珠的玉带，还有一条珍贵的犀牛皮带。妇人流着眼泪说："不久前，我父亲遭到歹人的陷害，被抓进大牢，定了死罪。我家里穷，没有钱去为父亲赎命。昨日我从亲友处借到这些东西，打算送到管事的衙门里，赎回父亲一条命。没想到我光顾着伤心拜佛，却把包裹丢在寺里。要不是您好心送还，我父亲就只能一死了。"说着，妇人连连向裴度磕了几个头，又拿出一条玉带，硬要送给裴度作为酬谢。

裴度坚决推辞道："这可不行，物归原主本来就是我该做的，何况这是救你父亲的性命，怎么能要你感谢呢？"说着，他摘下衣襟上的茱萸袋，递到妇人手里说："等救出你父亲，你们再带着这茱萸，到这里来团聚，补过一个重阳节吧！"

说完，裴度转身离去，身后传来和尚的赞叹声："如此诚实无欺的年轻人，日后一定不会是等闲之辈啊！"

裴度以诚实激励自己，拾到宝物而不私昧，救人危难而拒绝酬谢，可以说是个真正的老实人了。后来，他成了天下闻名的政治家。

表里如一
——守诺和践约的真谛

陈策卖骡

> 勿以恶小而为之，勿以善小而不为。惟贤惟德，能服于人。
>
> ——刘备

陈策是南宋建昌南城人。一天，他去集市上买回了一头骡子。这骡子精壮精壮的，毛色发亮，走起路来四只蹄儿像翻花。喜得陈策连声说："好骡好骡。"陈策第一次用这骡子，是要从城西运一些丝绸到他的铺子上。伙计将鞍放在骡背上，想不到骡子突然暴怒起来，上蹿下跳，连鞍都摔在地上，把几个伙计吓了一跳。伙计把骡捉住，又试了几次。但是，只要鞍一上了骡背，它就暴躁地蹦跳。"这是一匹伤鞍的骡，老主人造成的。"陈策说。"骡不能负重就是废物。"邻居说，"怎么来，怎么去。快把它还给原来的主人吧。"陈策反对这么做，明知自己受了欺骗，但他还是这么认了。

他叫伙计把骡子关到城外闲置的老屋里，每天给它草料，让它慢慢老死。陈策的儿子对父亲的做法很有意见，他还是想把骡子卖了。但这个想法他不敢跟父亲说，他有点怕他父亲，所以后来做的事情都是瞒着他父亲的。他找到平时极相熟的一个马贩子，说："你想办法把这头骡子卖了，二一添作五，钱分给你一半。"这个马贩子答应了。机会来了。有一个路过南城的官人的马死了，他来到马市，想买一匹马。马贩子瞄见了他，上前说："有一匹上好的骡子，因为负重时受了点伤，把背磨破了，主人要赶生意，急着就打算把它卖了，你要不要看看？"官人就随他过去，见到一头精壮的骡子，毛色发亮。官人连声夸："好骡好骡。"马贩子说："它的背上有点伤，稍养一养就好了。"骡子的背上有一些新鲜的血痂，是陈策的儿子叫人磨出来的。官人和陈策一样，毫不犹豫地买下了这头骡子，他说："我的时间宽裕，暂不用骑它，只与我随行即可。"

陈策还是知道了这件事，可为时已晚，那官人已离开南城 5 天了。陈策骑上马，沿官道追，日夜兼程，沿路打探。他花了两天的时间，追上了那个官人。那骡子见了陈策就不走了，挨挨蹭蹭要靠近他。陈策向官人行礼，说："这是匹伤鞍的骡子，不能负重。"官人疑心陈策是舍不得这精壮的骡子，要反悔，就说："伤鞍的骡子我也要。"陈策解下自己的马鞍，递给官人："不信你试试。"官人说："我不试。"陈策叹了口气，说道："我以诚待你，你却疑我欺诈，既然如此我在家等你。"说完，陈策策马回头，原路归去。又过了 3 天，官人返回了南城。他找到陈策说："我来并非为讨回银两，而是特为谢罪来。你待我以至诚，竟受我怀疑，实在是惭愧！"

黄裳还珠

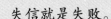

失信就是失败。

——左拉

黄裳是宋朝人，他精通天文、地理和制图学，品德高尚，高风亮节。

一次，黄裳到城里办事，夜宿在一家小旅店里。他刚上床躺下，就觉得腰部下面好像有什么东西。用手一摸，席子下面有一个硬邦邦的东西。他翻身起床，揭开席子一看，原来是一个装着东西的布袋。他解开布袋，随手往桌上一倒，只听见"哗啦"一声，从布袋里倒出来一堆珍珠。黄裳一见，惊呆了。

他连忙把珍珠收进布袋，又把布袋口扎好，然后放在枕头底下，重新上床睡觉。可是，此时他睡意全无。他想："我长这么大，从没见过这么多珍珠，应该怎样处理它们呢？"经过反复思考，他决定把珍珠还给它的主人——因为这可能是失主的全部积蓄。如果留下这不义之财，自己一辈子都会受良心谴责。

第二天一早醒来，他立刻从店里借来笔墨，在留言墙上写道：某年某月某日，隆庆府普成人黄裳曾住此店某某号房。写完后，黄裳准备上路了。临行前，他对店主说："如果有人到贵店来找珍珠，你就请他到城里去找我。"接着，他又详细地向店主描述了自己在城里的地址。

黄裳到城里没几天，就有失主来找他。对证无误后，黄裳痛痛快快地把珍珠还给了失主。

失主非常感激，想送给黄裳几颗珠子作为谢礼，却被黄裳谢绝了。这件事传扬出去后，人们都称赞黄裳是个德才兼备的好书生。后来，黄裳考中了进士，成为一心为民的好官。

李沆不奏密报

做一个有信义的人胜似做一个有名气的人。
——罗斯福

在古代，大臣在向皇帝奏报公事之外，往往还会在私下里向皇帝秘密报告一些事情。

从皇帝的角度来说，通过这些秘密报告可以掌握宫内外的一切动态，监视大臣们平时的言行。从大臣的角度来说，这样做除了可以打击自己的政敌、达到自己的政治目的外，还能够以此来赢得皇帝的信任和宠幸。

这些秘密报告的内容，一般都是官员私下里的言谈举动。它们有时能够起到揭露阴谋、打击权贵的正面作用，但在更多的情况下，它们却成了陷害他人、抬高自己的一种手段。由于皇帝的提倡和赏识，大臣们几乎没有不打秘密报告的，他们把这当作一种荣耀，因为这样可以证明自己是皇帝的心腹大臣。相反，秉公处世、不私下打报告的人倒是极少数了。

宋真宗时的宰相李沆就是这少数人中的一个。

李沆在当时是很受宋真宗信任的一位大臣，常常有机会单独和宋真宗讨论国家大事，但是他从来没有向宋真宗秘密奏报过其他人的隐私。他在宋真宗面前怎么说，在朝堂上就怎么说，从没做过当面一套、背后一套的事情。

有一回，李沆和另一位大臣的意见发生了分歧，起因是对一位官员的处罚问题。这个官员在宋朝与西夏的战争中，未能将粮草及时运到军中，按军令该斩。李沆听说后，对这件事情做了一番调查，认为应该免这人的死罪。他在朝堂上据理力争，指出此人失职的真正原因是有人故意延误发粮时间，嫁祸于他。就算他有一定的责任，也不该判死罪，何况此人很有才干，而且一向勤勉谨慎。功大于过，杀了他，是国家的一大损失。

另一位大臣却认为，无论责任大小，都应该斩首，这样才能严明法纪，警戒他人。李沆和这位大臣各抒己见，争得面红耳赤，谁也没能说服谁，只好把此事送交刑部，让刑部定夺。

同李沆争论的这位大臣平时就对李沆不满。经过这次争论之后，他更是怀恨在心，认为李沆是故意和他过不去。为了报复李沆，他派人四处散布谣言，说李沆和犯罪的官员有私人交情，所以徇私枉法，包庇罪犯。他还暗地里向宋真宗告了一状，说李沆不仅目无法纪，而且一向独断专行，连皇上的话也不听。

而李沆却忙于公务，早把争论的不愉快忘记了。所以，尽管朝中议论纷纷，他却根本不知道。后来，有人提醒他防备暗算，他听后笑了笑说："我诚实办事，诚实对人，问心无愧，怕什么暗算！"

再说宋真宗，他对李沆的人品还是比较了解和信任的。听了那

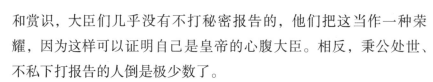

表里如一
——守诺和践约的真谛

位大臣的密报，他半信半疑，很想听听李沆的说法。这天下朝之后，他吩咐太监把李沆叫到偏殿。

等李沆来到偏殿以后，宋真宗身着便装，神态安闲地叫李沆坐下，还叫太监上茶。李沆知道宋真宗又要单独和他谈论政事，也放松下来。果然，宋真宗先同他谈起近来边防上的战事，又说起南方遭水灾等紧要的问题。说着说着，宋真宗话锋一转，突然问起对那个官员的处罚来。李沆没有心理准备，愣了一下，说道："此事臣已经有详细的奏报送上来，陛下还没有看到吗？"

宋真宗不动声色地说："朕只是想亲自听听你的陈述。"

李沆就把自己的意见一一讲了一遍，然后又强调了此人的才干，说眼下正是用人之际，应该给此人一个将功补过的机会。

李沆陈述完，见宋真宗似乎还想听下去，便问道："陛下还有什么想了解的吗？"

这一问倒把宋真宗问得愣了一下，他说："你的意见都讲完了吗？还有什么不便说的，尽管说吧。"

李沆答道："臣的想法都说了，此事就请陛下裁断吧。"

宋真宗沉吟了一下，说道："你看某某这人怎么样？"宋真宗指的是那个告李沆状的大臣。

李沆认真地答道："此公有宰相之才，唯有一点缺憾，就是气量狭小。但还算是一位称职的大臣。"

宋真宗点点头说："好吧，你先回去，这件事待朕再斟酌一下。"

李沆刚起身要走，宋真宗又问了一句："其他大臣都曾向朕密奏过事情，为何你从没有过密奏呢？"

李沆转身跪下答道："臣以为，身为朝廷大臣，所做的都是朝廷公事。既然是公事，为何不能公开在朝堂上讲，而要密奏呢？凡是需要密奏的事情，臣以为除了为国家除掉谋反的奸臣之外，大都有不可告人的动机。臣一向反对这样的行为，又怎么会学着去做呢?"

宋真宗听后没再说什么，挥挥手让李沆退下了。

李沆走后，宋真宗站在那里，沉思了一会儿。他想："像李沆这样一个光明正大、诚实正派的人，是决不会徇私枉法的。看来，朕对那些打秘密报告的人倒是要警惕一下呢。"

从此，宋真宗更加信任和依靠李沆了。

范仲淹封金不纳

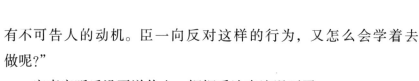

行一件好事，心中泰然；行一件歹事，衾影抱愧。
——申涵光

北宋著名的政治家、文学家范仲淹，出身于一个贫寒的家庭。他一岁时，父亲病死，母亲改嫁。范仲淹从小就过着寄人篱下的生活。

贫寒的生活使范仲淹更加严格要求自己。少年时期，他就以诚实忠厚、勤奋刻苦闻名。因此，很多人都愿意同他交往，甚至一些年龄比他大很多的人，也和他成了忘年之交。

当地有一位阴阳术士，风趣幽默，知识广博。范仲淹在读书之余，常常向他讨教些天文地理、阴阳八卦之类的知识，那位术士也很喜欢这个诚实好学的少年，两人相处得十分融洽。

可惜，这位术士患有痨病，身体非常不好。再加上他没日没夜地钻研炼丹术，更加重了他的病情。终于有一天，他病得起不来了。家里人请来大夫为他诊治，可是，为时已晚。大夫说他的肺由于长期吸进炼丹的烟火，已经烂了几个大洞，再也无法挽救了。果然，他的病情一天比一天恶化。到临终那天，他请人把范仲淹叫来，两人进行了最后一次谈话。

术士问范仲淹最近又读了些什么书，作了哪些文章，范仲淹一一告诉了他，还给他念了自己刚作的诗。术士听后露出了笑容，精神也好像振作了一些。他艰难地对范仲淹说："我早就看出你是个不寻常的少年，将来一定会干一番大事业，可惜我看不到那一天了。不过，我要你答应我一件事。"

范仲淹说："您讲吧，只要我办得到，我一定尽力去办！"

术士严肃地说："不是尽力去办，而是一定要办到。我要你不论遇到什么困难，都不能放低对自己的要求，要勤奋地读书，诚实地做人，将来出去干一番大事。不要像我，一辈子碌碌无为。"

范仲淹含着泪说："我一定做到。"

术士又吩咐人拿来一个用火漆封了口并加盖了印章的口袋，交到范仲淹手里，说："这里面有我祖传提炼'白金'的秘方，还有一斤炼成的'白金'。我的儿子尚年幼无知，交给他，我不放心。现在我把它交给你，希望它日后能对你有所帮助。"

范仲淹急忙推辞道："您的好意我感激不尽，可这样的宝物我不能接受。您可以让家里人收藏，待公子长大了，再传给他也不迟。"

术士见范仲淹推辞，急得瞪大了眼睛，又剧烈地咳嗽起来。他挣扎着说了最后一句话："你若不收……我死……也不能瞑目了……"

范仲淹仍想推辞，可是已来不及了，术士的家人和大夫都奔过

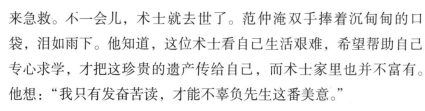

来急救。不一会儿，术士就去世了。范仲淹双手捧着沉甸甸的口袋，泪如雨下。他知道，这位术士看自己生活艰难，希望帮助自己专心求学，才把这珍贵的遗产传给自己，而术士家里也并不富有。他想："我只有发奋苦读，才能不辜负先生这番美意。"

这以后，范仲淹更加勤奋努力，每天都读书到深夜。读书之余，他常常拿出那个口袋激励自己，但他从来没有想过要用这笔财富来改善自己的生活。就是穷得每天只能喝一碗粥，他也没有打开过那个口袋。一些富人听说范仲淹拥有一个神奇的秘方，就打算花大钱将其买过来，却都被他一口回绝了。连熟悉范仲淹的人也弄不清他留着这笔财富干什么。

十几年后的一天，在京城范仲淹的府第里，已经做了秘阁校理的范仲淹正在和一位年轻人交谈，两人谈得很投机。原来这位年轻人就是当年那位术士的儿子，是范仲淹派人专程从老家请来的客人。只见范仲淹和蔼地望着年轻人，说："听说你读书很用功，很有出息，我心里真是高兴，相信你父亲也一定很欣慰。我这次请你来，一是让你到京城见见世面；二是想了却当年你父亲托付给我的一件事。"

说着，范仲淹叫人取出那个珍藏多年的口袋，双手捧着送到年轻人的手里，说："当年你父亲去世前，怕你年幼保不住这件珍宝，就让我替你收藏着。现在你已经长大成人，又这样奋发有为，我想是该把它交还给你的时候了。"年轻人站起身来，眼里充满泪水。他双手颤抖着接过口袋，嘴里喃喃地说："这……这是家父留下的遗物吗？"

范仲淹说："正是，他还让我转告你，一定要勤奋地读书，诚实地做人，将来去做一番大事业……"

说到这儿，范仲淹望着窗外的蓝天，仿佛回到了十几年前的那一天，他的两眼也湿润起来。过了一会儿，他转过头来对年轻人说："这口袋里是一笔珍贵的财富，你要时时用它来激励自己。在你将来生活有困难时，它也许能帮你渡过难关。但是，更重要的是，你要记住你父亲留下的话，'要勤奋地读书，诚实地做人'，这才是我这次请你来的真正原因。"

看着年轻人坚定的目光，范仲淹放心了，他觉得自己总算了却了一桩大事，没有辜负那位先生的谆谆嘱托。

送年轻人去歇息之后，范仲淹回到书房。老管家走过来说："李公公又派人来问，那个炼'白金'的秘方何时能借去看看。"

范仲淹冷冷一笑说："还按原来的话回答，那是我替别人收藏的东西，未经主人允许，不敢开封，请他恕我不能从命！对了，你再加上一句，东西现已归还原主，带离京城了。"

管家迟疑着说："大人，李公公可是当今圣上面前的红人啊，望大人三思……"

范仲淹轻蔑地答道："不管他是谁，不是自己应该得到的东西，就不能昧心私用。这是天经地义的事，也是我范仲淹做人的信条。这句话你也可以告诉他！"

说完，范仲淹大踏步地走出书房，舞剑去了。

许衡不食无主之梨

　　许衡，河南新郑人。他出身于农家，少年时期，就以聪明勤奋闻名。后来，元朝统一天下后，他曾当过元世祖忽必烈的大学士。

　　南宋末年，天下大乱。当时，宋、金、蒙古各占一方，混战不休。老百姓为了逃避战火，纷纷离开故土，扶老携幼，四处逃难。

　　有一天，在金朝统治下的河阳县（今河南孟州）地界里，行走着一位十七八岁的青年，他背着行囊，腰挎长剑，眉宇间透出一股英气。这青年名叫许衡，他到河阳县是来向一位老学者请教学问的。

　　许衡一边走，一边望着路边荒芜的田野、破败无人的村庄，胸中涌出无限感慨，他想："如果战争再不停息，天下的百姓真是活不下去了。但愿我能辅佐一位英明的君主，统一天下，让百姓安居乐业。"这样想着，他加快了脚步，恨不能一步赶到那位老学者家中，把治国平天下的本领学到。

　　此时正值三伏天，炎炎烈日炙烤着大地，一丝风也没有。许衡走得汗流浃背、口干舌燥，真想找个地方乘乘凉，喝上一肚子甘甜的泉水。可这里刚刚经历过战火，四周的人家跑得一干二净，哪里去找水喝呢？走着走着，他看到前面路边的大树下有几个人正在乘凉。他急忙赶过去，希望能讨口水喝。走到近前，他发现这几位是赶路的小商贩。一问，才知道他们带的水也喝光了，因为无处找水喝，正在那里唉声叹气。许衡只好在他们身边坐下，准备歇口气再走。

商贩们问许衡是做什么的，许衡告诉他们自己是个求学的书生。一个商贩叹了口气说："嗨，这兵荒马乱的年头，读书有什么用？要是学武，倒可能出人头地。"许衡说："仗不会一直这样打下去，等战争结束了，国家总是要有人来管理的。"商贩们一齐笑道："看不出这小伙子倒挺有志气！"这时，远处跑来一个人，怀里抱着什么东西，边跑边大声喊着。商贩们都站起身来张望，原来那人是一起赶路的商贩，刚才独自找水去了。等他跑近，大家才发现他怀里抱着的竟然是几个黄灿灿、水灵灵的大梨！商贩们都欢呼起来，一齐跑过去抢梨吃。许衡也走上去问道："这梨是从哪里买到的？""买？"那个商贩哈哈大笑起来，"这地方的人都跑到山上避乱去了，连个人影都没有，哪里去买？""那你是从哪儿弄来这好东西的？"商贩们边吃边好奇地问。"我到那边村子里转了转，想找个人家把水葫芦灌满。好家伙，别说是人，连只老鼠都找不着！水井也都被当兵的用土给填上了。我正丧气，忽然看见一家院子的墙头上露出一枝梨树枝，上面结着几个馋人的大梨。这下子，我乐得差点儿晕过去。可是跑过去一看，这家的院门都用石块给堵上了，墙头也挺高。我顾不上这些，费了好大劲，才翻进院子里摘了这些梨。那树上的梨还多得很，我们一起去多摘些，带着路上吃好不好？"

商贩们齐声说好，并各自收拾东西，准备去摘梨。许衡问道："你说村里的井都被填上了吗？"

"可不，当兵的看老百姓都跑光了，一气之下，走的时候就把井都填了，你别想找到水喝。"

许衡叹了口气，默默地转身离开了。商贩们奇怪地问道："小伙子，你不和我们一齐去摘梨吗？"

许衡说："梨树的主人不在，怎么能随便去摘呢？"商贩们又笑起来，说："你真是个书呆子！这兵荒马乱的日子，哪里还有什么主人呢？再说，那树的主人没准已经被打死了呢。"许衡认真地答道："梨树虽然无主，难道我们自己的心里也无主吗？不是自己的东西，我是决不会去拿的。"说完，许衡背起行囊，挎上剑，向商贩们拱手道了声别，就转身上了大路。背后传来商贩们的笑声，许衡似乎没有听见，他的脚步迈得很踏实。

第五章

表里如一

卞和三献美玉

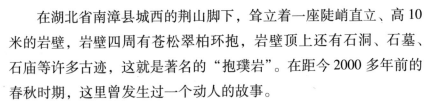

在湖北省南漳县城西的荆山脚下，耸立着一座陡峭直立、高 10 米的岩壁，岩壁四周有苍松翠柏环抱，岩壁顶上还有石洞、石墓、石庙等许多古迹，这就是著名的"抱璞岩"。在距今 2000 多年前的春秋时期，这里曾发生过一个动人的故事。

当时，楚文王是楚国的国君。有一天，荆山中传出了凄厉的哭声。这哭声时而高亢、愤激，时而低沉、哀伤。哭声连续不断，一直持续了三天三夜。荆山下的人们也随着这哭声叹息不绝，暗自落泪。一个小孩子不知发生了什么事，就问他的父亲："这是谁在哭？为什么要哭？"

他的父亲一边耕地一边说："是一位叫卞和的老人在哭，至于为什么哭，你去问你的爷爷吧。"

他的爷爷一边编草筐一边说："孩子，这个故事说来话长，那还是我的父亲告诉我的呢。"说着，爷爷停下手里的活计，给小孙子讲起了卞和的故事。

那是 60 多年前楚厉王在位时候的事情。当时，荆山里住着一位叫卞和的青年玉匠，他的祖父和父亲也是有名的玉匠。有一次，卞和的祖父和父亲登山采玉，不慎摔下山来，伤重而死。临终之前，祖父告诉卞和说："我和你父亲采了一辈子玉，这荆山上的玉差不多都采光了。只有那座岩壁下，还有一块宝玉没采出来。凭我的经验，那是一块世人从未见过的宝玉，你要是能把它采出来，造福于天下，我和你父亲也能瞑目了。"卞和点点头答应了。

卞和埋葬了祖父和父亲，就按祖父指的位置凿起岩壁来。他日夜不停地凿着，一直凿了四丈深，终于采出了一块璞玉（未经雕琢加工过的玉）。这块璞玉看上去和普通石头没多大差别，可卞和按祖父教他的秘法去看，认出它的确是一块世上从未有过的宝玉。

可是，这块稀世的璞玉加工起来很困难，必须集中天下最好的玉匠一齐合作，才能成功。在荒僻的荆山中，这当然办不到。于是，卞和就带着璞玉，跋山涉水，来到京城，要求面见楚厉王。楚厉王一听有人献宝玉，很高兴。可等卞和献上璞玉来一看，他大失所望：这哪是什么宝玉，根本就是一块丑陋的顽石呀！卞和见楚厉王不信，连忙奏道："大王，请不要从外表来看这块璞玉，一旦把它雕琢出来，它就会成为一件稀世珍宝。"

楚厉王问："它到底有何稀奇之处呢？"

卞和回答道："经过雕琢之后，这将是一块没有一点瑕疵的美玉。除此之外，它还有三个奇异之处，一是放在暗处能自然发光，称为'夜光之璧'；二是永远光润洁净，不沾尘埃，而且能避邪除怪；三是冬暖夏凉，冬天有了它，屋中不用炉火，夏天带着它，会让人倍感清凉，百步之内，蚊虫不敢近前。所以其他的玉都无法和它相比。"

楚厉王听了更加怀疑，他不信世间会有如此至宝，于是他把宫中的玉官叫来鉴别。

这位玉官把璞玉上下左右看了一遍，又用钎子敲敲，用舌头舔舔，虽然他并不知道这是否是一件稀世珍宝，但也看出它是块少见

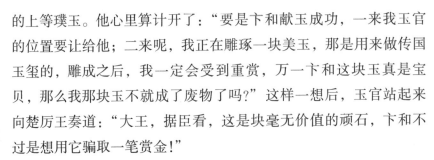

的上等璞玉。他心里算计开了："要是卞和献玉成功，一来我玉官的位置要让给他；二来呢，我正在雕琢一块美玉，那是用来做传国玉玺的，雕成之后，我一定会受到重赏，万一卞和这块玉真是宝贝，那么我那块玉不就成了废物了吗？"这样一想后，玉官站起来向楚厉王奏道："大王，据臣看，这是块毫无价值的顽石，卞和不过是想用它骗取一笔赏金！"

楚厉王一听大怒，他冲卞和吼道："你这贪财的贱奴，怎么敢欺骗寡人？"

卞和从容答道："这确实是宝玉，大王的玉官毫无见识，请大王传天下最好的玉匠来鉴别一下。小人并不稀罕大王一丝一毫的奖赏，只求这块美玉能得见天日，不至于埋没深山罢了！"

楚厉王一听更来气了："你还敢狡辩！你是在嘲笑寡人吗？"

旁边有位大臣觉得卞和冤枉，就说："你还不赶紧认罪，求大王饶你一死！"

卞和昂着头说："宝玉就是宝玉，小人生平不会撒谎，现在就是死，也不能昧着良心说假话！"

"给我拉出去砍了！"楚厉王大吼道。

"大王，不如砍他一只脚，让他活受罪。"玉官出了个恶毒的主意。

"好，就按你说的办！"楚厉王点头同意。

就这样，卞和被士兵砍去左脚，扔出宫外。他满腔愤怒，但仍紧抱着那块璞玉。有人看他可怜，就把他扶上顺路的牛车，送回荆山。

楚厉王死后，楚武王继位。卞和又燃起了一线希望，他让人用车带他到了京城，再次去献玉。同上次一样，他坚持事实，不肯说假话，结果被砍去了另一只脚。

现在，楚文王继位了。卞和这时已有八十多岁了，他坚信真相总会大白于天下，所以仍然一个人住在岩壁顶上的小石屋里，守着那块璞玉。听说楚文王继位，卞和再次燃起了希望。可他又想，现在自己连路都走不了，怎么去京城呢？难道就这样让珍宝永远埋没在深山中吗？他越想越气愤，越想越悲伤，于是就抱着璞玉大哭起来……

讲到这，爷爷摸着小孙子的头说："卞和真惨啊！昨天我在山上见到他时，他已经哭干了泪水，眼里流出了鲜血。可他还抱着那块璞玉，正往山下爬呢。"

这时，爷爷身后突然传来一个声音："老人家，您能不能带我去见见这位卞和？"

爷爷回头一看，原来是一位身穿官服的大臣，他连忙答道："行，当然行！"

第二天，爷爷就带着大臣和随从们来到岩壁下，见到了奄奄一息的卞和。那位大臣走上前说："先生，我是大王派来寻访贤人的，昨天路过这里，听说了你的故事。我想问问你，你两次献玉，失去双脚，现在又想哭到京城去，难道说你为了献玉请赏，连命都不要了吗？"

卞和睁开血糊糊的双眼说道："大人，你错了！我卞和决不稀罕赏赐，我恨的是稀世珍宝被当作毫无价值的顽石，忠贞诚实之士被诬蔑为撒谎贪财的小人。我活了这么大岁数，离死已经不远，若不能让真相大白于天下，我是死也不能瞑目的！"

大臣听后很感动，命随从把卞和抬上自己的车子，一路送到京城。楚文王听这位大臣讲述了经过，答应照卞和的话验一验这块璞玉。这时，那个陷害卞和的玉官已经死了，所以也没有人再出来阻止。很快，楚国最好的玉匠都被召到京城，在卞和的指点下，对璞玉进行了精细的雕琢加工，璞玉终于变成了一块毫无瑕疵的美玉。

楚文王接过玉来一看，果然和卞和说的丝毫不差。楚文王大喜，要加封卞和为大夫，还要给他无数的赏赐。可是卞和谢绝了，他说："小人这辈子，因为坚持说实话，反被人诬蔑为撒谎贪财之徒。现在美玉雕成，小人已经心满意足了。如果再受封赏，不是让人家说中了吗？请大王成全小人，让小人回荆山去吧！"

楚文王拗不过卞和，只好送他回了荆山。但还是给以卞和大夫的待遇，派人照顾他，直到他去世。

这块美玉后来被称为"和氏璧"。

孔子不装懂

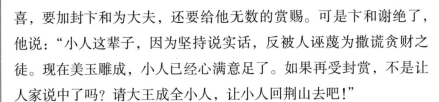

知之曰知之，不知曰不知，内不自以诬，外不自以欺。

——《荀子·儒效》

孔子博学多才，曾经带着弟子周游各国。

一个炎热的夏天，孔子带着弟子子路，乘坐一辆马车前往齐国讲学。马车过了几座桥，拐过了几道弯，停在了三岔路口的大槐树下。树下有一村翁在卖茶水，他看到马车停下来，就招呼孔子他们喝茶。

孔子下了车，走到村翁面前，很有礼貌地打听去齐国的路。村翁认出了孔子，拿起大碗茶递给孔子和子路，说："先生的名言'三人行，必有我师焉'说得对极了。世上的学问，一个人不可能都了解，要了解它，就必须学习，不耻下问。"孔子说："是的，就拿种地来说，我不如农夫；盖房，我不如泥瓦匠；做家具，我不如木工。"

孔子不但要求学生养成诚实的学习态度，他自己也是这样做的。

有一回，孔子向东游历，路上看见两个小孩正在辩论问题。这两个孩子各自坐在一块石头上，就像真正的学者一样，认真地争论着什么。

孔子看了，觉得挺有趣，就对跟在身后的子路说："咱们走了大半天，也该休息一下了。我们过去听听孩子们在辩论什么。"

子路不屑地说："两个黄毛小子能说出什么正经话来？"

"掌握知识可不分年龄大小。有时候，小孩子讲出的道理比那些愚蠢自负的成年人要强得多呢！"

子路听出孔子话里有话，脸红了，不敢再说什么，只好别别扭扭地跟着孔子走了过去。

来到树下，孔子站在一边，认真地听了一会儿。他看两个孩子各不相让，争得面红耳赤，就问道："你们在争论什么呀？"

两个孩子瞥了孔子一眼，没顾上理睬他，继续争论他们的问题。

子路在一边生气了，他喝道："你们这两个毛孩子，真没有礼貌！先生问话，你们怎么都不理睬？"

孔子止住子路，和蔼地说："我叫孔丘，是鲁国人，看见你们争辩得这么激烈，也想参与进来，你们看可不可以呀？"

其中一个孩子站起来说："噢，原来你就是那个孔夫子呀，听说你很有学问。好吧，就请你来给我们评一评，看谁说得对。"

另一个孩子也跳起来说："对，让他来评评，肯定是我说的对！"

孔子笑着说："你们别着急，一个一个讲。"

先前那个孩子说："我们在争论太阳什么时候离我们最近。我

第五章
表里如一

113

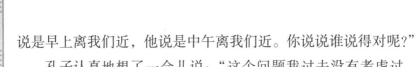

说是早上离我们近，他说是中午离我们近。你说说谁说得对呢？"

孔子认真地想了一会儿说："这个问题我过去没有考虑过，不敢随便乱说。子路，你能回答吗？"

子路在老师面前不敢信口开河，只好也老实地摇了摇头。

孔子转过身来对两个孩子说："还是先请你们把各自的理由讲一讲吧。"

第二个孩子抢着说："我先说。早上太阳刚升起的时候，有清凉的感觉，一点儿也不热；可是到了中午却像把手伸进了热水里一样。这不就说明早上太阳远，中午太阳近吗？"

第一个孩子接过话说："他说得不对。你看，早上的太阳又大又圆，就像车顶上的篷盖那么大；可到了中午，太阳就变小了，顶多也不过一个菜盘那么大。谁都知道，近的东西大，远的东西小。所以，当然是早上的太阳离我们近了。"

说完，两个孩子一齐看向孔子，说道："好了，现在我们的理由都讲过了，你来评评谁对吧。"

这下子，可把孔子难住了，他反复想了半天，觉得两个孩子说的都有道理，实在分不清谁对谁错。于是他诚实地承认道："这个问题我回答不了，以后我向更有学问的人请教一下，再来回答你们吧。"

两个孩子听后哈哈大笑起来："人家都说孔夫子很有智慧，原来你也有回答不了的问题呀！"说完就转身跑去玩耍了。

子路望着他们的背影，不服气地说："您真应该教训他们一顿！两个小毛孩子，您随便讲点什么，都能把他们镇住。"

孔子说："不，如果不是诚实地承认自己不懂，我们怎么能听到这一番有趣的道理呢？在学习上，我们知道的就说知道，不知道的就说不知道。只有抱着这种诚实的态度，才能学到真正的知识。这一点，你什么时候都不能忘记。"

汉文帝言行一致

> 言必信，行必果。
>
> ——《论语·子路》

汉文帝刘恒和汉景帝刘启在位期间，政治清明，经济发展，百姓生活安定。这一时期的统治局面，在历史上被称为"文景之治"。它是继西周"成康之治"以后的又一个盛世。

汉文帝继位前，西汉经济凋敝，荒地未耕，民有饥色。他作为一个封建帝王难能可贵地想到："百姓生活那样苦，国家应该提倡节俭，安抚百姓，休养生息，我也要身体力行。"于是，他采取了一系列节俭安民的措施：裁减京师卫队；调拨皇室马匹，充实驿站；遣出汉惠帝后宫美人，令之改嫁；撤销旧有苑囿，将土地赐与农民；免官奴婢为庶人；严禁列侯夫人、诸侯王子食二千石和擅自征捕；抚恤赏赐孤寡老弱；下诏咨询"百官的奉养是否过于浪费""无用的事是否办得太多""为什么百姓的粮食如此缺乏"；等等。汉文帝在位期间，宫室、苑囿、车骑、服御均无所增盖。汉文帝曾想造一个露台，招工匠计算，需花费一百两黄金，他说："一百金，相当于中等人家十家的财产，为什么要造这个台呢？"于是决定不造此台。

汉文帝平时经常穿着用黑色粗布做的衣服，就连对他最宠爱的慎夫人，要求也很严格，规定她所穿衣裙的下摆不准拖到地面，帷帐是素面，不得刺绣，也没花边。

汉文帝修建陵墓时，下令随葬品只能用陶器，禁止用金银铜锡等贵重物品。他在遗诏中说："给我陪葬的车马，不准陈列兵仗；送葬人戴的白布孝带不准超过三寸；治丧期要短，这期间不要禁止百姓结婚、祭祀、饮酒和吃肉。"

由于汉文帝采取了选贤治国、轻徭薄赋、带头执法等一系列与民休息的措施，也由于他带头节俭形成的俭朴之风，使西汉出现了社会安定、人给家足的繁荣景象。

贯高断喉

贯高是西汉初年赵王张敖的相国，他为人重信守义，言出必行，敢作敢当，深受赵王的器重和同僚的尊敬。

公元前200年，汉高祖刘邦从平城（今山西大同）回长安（今陕西西安），经过女婿赵王的领地邯郸（今河北邯郸）。赵王亲迎汉高祖到王宫，早晚侍候，脱了套袖，解下围裙，亲自奉上酒食，态度谦恭，完全按着女婿对待丈人的礼节行事。谁知汉高祖却拱起高膝，态度轻慢，把赵王呼来喝去，像对待仆人一样，有时还旁敲侧击地责骂赵王，根本不把他这个女婿放在眼里。

贯高这时已经60多岁了，过去他曾当过赵王的父亲张耳的门客，深受张耳的器重。他生平最讲究气节，看到赵王毕恭毕敬地侍候汉高祖，反受侮慢，便气愤地对同僚赵午说："我们的王太懦弱了！他这样受轻侮而毫不动气，我们当臣子的也感到耻辱！"当天晚上，贯高便同赵午去见赵王，劝他说："天下纷乱之时，豪杰并起，有才能者先为帝。如今大王对皇上执礼甚恭，皇上却倨傲无礼，实君子所难忍受。老臣不才，愿为大王杀此无礼之人，请大王下令！"

赵王想不到他一向敬佩的相国竟然说出这种话来，又急又气，把指头都咬出血来，痛切地批评贯高说："先生之言差矣！当年先王遭陈余袭击亡国，归汉后，赖高祖之力，才能杀了陈余，报仇复国。如今高祖德被子孙，孤才能继承王位，又成了汉家的女婿。背德弃义，君子所不为，望先生不要再说这样的话。"

贯高见赵王不愿杀汉高祖，只好退下。出宫后，他与赵午等十多人暗中说道："我王乃忠厚长者，不肯忘恩背德，实在令人钦敬。但皇上如此轻慢大王，我们当臣子的实在难堪。我们杀皇上，正是为此。如果事情成功，自然全归我王；如果失败，我们应承担一切罪责，决不连累我王！"

第二年，汉高祖从东垣回长安，又经过赵地。贯高等人在汉高祖必经之地柏人（今河北邢台）驿站的夹墙里埋伏了刺客，准备乘汉高祖上床歇息时把他刺死。谁知汉高祖未在柏人停留。贯高见暗杀计划落空，只好作罢。

贯高有个仇人，不知怎么知道了此事，就向朝廷告密。汉高祖立即下令把赵王、贯高以及门客等十余人逮捕。赵午等人知道难逃斩首之刑，纷纷争着要自杀。贯高生气地骂道："谁叫你们这样干的？赵王并不知道我们的计划，也被逮捕，如果我们全都自杀而亡，谁能证明我们的王并没有造反呢？我们要使赵王不被冤杀，自己再死也不晚。"赵午等人便放弃了自杀的打算。

当时汉高祖下了一道命令：赵国的群众、宾客，有谁敢跟随赵王者，满门抄斩！贯高和赵午等人毫无所惧，他们按照死囚的规矩，剃掉头发，用铁圈紧套着脖子，作为赵王的奴隶，跟着到了京城。

廷尉审问贯高时，厉声问道："你身为大臣，应当谨守臣节，忠心侍上。为何与赵王谋反？从实招来！"

贯高抬起头来，朗声答道："谋反的事，只是我们干的，赵王一点儿也不知道。请大人转奏皇上，一切罪责全由我们承担，请皇上释放赵王。"

廷尉大怒道："赵王大逆不道，你还敢为他开脱。再不从实招来，大刑侍候！"

贯高毫无惧色，仍然朗声答道："赵王实不知此事，无可招供！"

廷尉便叫狱卒用刑，贯高被鞭打、锥刺、刀割，遍体鳞伤，血流如注，气息奄奄，仍然不改口。廷尉只好命狱卒将他押回死囚牢房。

第二天上朝时，廷尉向汉高祖汇报审案情况："启奏陛下，臣多次审问贯高，他都说赵王不知此事，谋反罪责全由他承担，多次施用重刑，也不改口，请陛下明断！"

汉高祖听说贯高累受重刑，仍不改口，不由赞叹说："这老头儿真是一条好汉！"他用目光扫视了一下群臣，接着问道，"你们谁与贯高熟识？"

中大夫泄公奏道："贯高与微臣是同乡，颇有交情。他一向重视气节，讲究信用，在赵国很有名望。"

表里如一
——守诺和践约的真谛

118

汉高祖听了，就叫泄公拿了"如朕亲临"的符节到死牢去，私下向贯高问明真相。这时贯高因为受了酷刑，浑身都是棒疮，正坐在用竹子编成的软兜里。听见有人来，他仰头问道："是泄公么？"

泄公急忙走上前去，回答说："正是小弟。"接着又关心地问道，"你的伤重么？用了药吗？"

贯高艰难地移动了一下身子，低声答道："伤势何足挂齿，只要赵王能无罪释放，老朽就是碎尸万段也不足惜。"

泄公单刀直入地问道："赵王到底参与谋反没有？"

贯高正色答道："谁不爱自己的父母妻子呢？现在我的三族都要被判处死刑，讲假话又有何用？因为赵王并未参与谋反，也不知道我们谋反的事，所以我才死不改口，不愿冤枉好人。"接着，他就把他们刺杀汉高祖的原因从头到尾详细地说了一遍，证明赵王确实不知此事。

泄公问明情况后，据实回奏。汉高祖方信赵王确实未参与谋反，就赦免了赵王。

贯高说一不二、敢作敢当的精神使汉高祖大为赞赏。汉高祖在赦免赵王之后，也决定释放贯高，并叫泄公去通知此事。

泄公来到死囚牢房，一进牢门就高声说道："相国大喜！"

贯高问道："喜从何来？"

泄公说："小弟据实奏明皇上，皇上知道赵王未参与谋反，已下令赦免他了。"

贯高高兴地说："我们的王真的被释放了吗？"

泄公肯定地说："真的！另外还有一件喜事！"

贯高问道："什么喜事？"

泄公说："皇上见你说一不二，敢作敢当，很是敬佩，也赦免了你。小弟就是奉命来释放你的，这岂不是一件大喜事么？"

贯高说："我之所以不死，为的是好证明赵王没有谋反。现在

表里如一 第五章

事情已弄清楚，赵王已被释放，我的责任已尽到，虽死也无恨了。臣子背着谋反罪名，即使皇上不杀我，我又有何颜面在皇上手下做事呢？"说完，贯高乘泄公不备，猛地拔出他的身佩之剑，刎颈自杀了。

泄公悲痛万分，只好如实奏明汉高祖。汉高祖闻知贯高遇赦仍自杀，深为叹息。

赵王知道贯高为自己而死的消息后，万分悲痛，亲到灵前吊唁。从此以后，贯高的声名天下皆知，人们都赞扬他是重信守义、敢作敢当的好汉子。

羊祜以诚待人

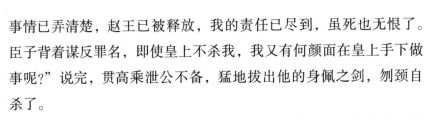

言之无文，行而不远。

——《左传》

表里如一
——守诺和践约的真谛

羊祜是汉末大儒蔡邕的外孙，司马师的内弟。他从小喜欢读书，学识渊博，很有辩才，谈起话来条理清晰，道理充分，说服力强。因他言行一致，人们都把他比作孔子的得意门生颜回。

西晋建立后，灭吴就提到议事日程上来了。

这时，吴主孙皓在位，他是孙权的孙子，十分残暴，杀人如麻，整日沉湎于酒色之中，不问政事。吴国上下离心，国无宁日。而汉末天下大乱，到这时已近百年，人心思治，统一已是大势所趋。

晋武帝泰始五年（269年），羊祜被任命为荆州都督，屯兵南夏。

南夏是靠近东吴边境的小镇，过去十分荒凉。羊祜早有灭东吴统一全国的远大抱负，他决心把南夏治理好，作为伐吴的基地。

羊祜初到南夏时，士兵没有口粮。他在南夏屯田，让士兵开荒八百多顷。经过一年的努力，粮食获得大丰收，可供军队十年之用，解决了军粮问题。

羊祜认为"兵不厌诈"的计策在这里是用不上的，必须以诚待人，取得吴国人的信任和对晋朝的好感。他每次与吴国作战，总要等到日出之后，从不偷袭。

羊祜对投降过来的吴国人都给予奖励，而且让他们来去自便。有些投降的人回到东吴，对吴国人讲述羊祜如何优待他们，很多人听了也跟着去投降了。

羊祜为人随和，能够与士兵同甘共苦。他经常穿一身便服，带几个随从去打猎。他经常去察看士兵的营房，对士兵嘘寒问暖，因此士兵都很爱戴他。

晋武帝得知羊祜在南夏的政绩，提升他为车骑将军，还要为他在洛阳建造住宅。羊祜推辞说："东吴未灭，国家尚未统一，臣的政绩微不足道，请皇上多奖励那些对国家有更大功劳的人吧。"晋武帝和文武官员听了这话，都深受感动。

东吴西陵督军步阐见羊祜待人以诚，便约好率领全城士兵前去投降。羊祜正要去接应，不料东吴大将陆抗已经得知消息，且以迅雷不及掩耳之势袭击西陵，把步阐活捉了。这事传到西晋朝廷上，有人乘机散布流言蜚语，中伤羊祜，说步阐被擒，罪在羊祜。不久，羊祜受到了降职的处分。

羊祜不计个人得失，灭吴决心毫不动摇，反而加紧了灭吴的准备工作。

羊祜对东吴军民进一步采取攻心战术，有意识地向他们示好。一天，他的部下为了贪功，抓了两个东吴的牧童，作为俘虏献给他。羊祜说："两国交战，小孩子有什么罪？快把他们放了。"他派人把牧童送回东吴，当面交给他们的父母。牧童的父母高兴极了，到处称颂羊祜的恩德，不久举家前来投降。

有一次，吴将陈尚、潘景来犯，两人在交战中被西晋的军队杀死。羊祜说："两军交战，各为其主。他们是忠臣，应当买两口上等棺木装殓他们，并让他们的家人前来迎丧。"陈尚、潘景的家人前来迎丧时，羊祜亲切地接待他们，以礼送还。

有时，羊祜的部下过境作战，因没有粮食吃，割了吴国的稻谷。羊祜知道后，叫部下送绢作为补偿。

羊祜的行为使吴国人深受感动，他们提到羊祜时，都不再叫他的名字，而是尊称他为"羊公"。

在不知不觉中，羊祜把吴国的人心争取过来了。由于羊祜在荆州的功劳，晋武帝提升他为征南大将军。

在争取人心的同时，羊祜加紧了灭吴的军事部署。在他的推荐下，晋武帝任命益州刺史王濬为龙骧将军，命王濬在长江上游督造战船，训练水军，准备顺流而下，灭掉东吴。

在一切都准备好了之后，晋武帝咸宁二年（276 年），羊祜上书晋武帝，请求伐吴。

羊祜向晋武帝提出了灭吴的建议，他分析说："吴主荒淫无道，残暴嗜杀，已经失去民心。如果趁此机会攻打吴国，吴国纵然有长江天险，也无济于事。灭掉吴国，统一天下就在眼前了。"晋武帝正在考虑羊祜的建议出兵东吴时，不料秦、凉二州的首领秃发树机起兵反晋。这样，出兵东吴的事就被耽搁了。

羊祜又写了一份奏折说："秦、凉二州的动乱是小事，统一天

表里如一
——守诺和践约的真谛

下是大事。灭了东吴，乘胜利余威再去平定秦、凉二州，可以不费吹灰之力。请陛下迅速作出决定，不要再犹豫了。"

羊祜的建议得到度支尚书杜预、中书令张华等人的支持，但晋武帝的宠臣贾充坚决反对伐吴。因此，羊祜的主张虽然得到晋武帝的赞许，却没有实行。羊祜仰天长叹说："当断不断，恐怕将来没有这样的好机会了。"

羊祜因无法实现统一大业，心中闷闷不乐，不久就生病了。他要求带病进京，当面向晋武帝和文武大臣陈述灭吴的计划。

咸宁四年（278 年），羊祜进京。晋武帝见羊祜身患重病，就让他坐着辇车上殿，免去朝见之礼。羊祜在朝堂上谈了自己的意见，强调说："臣此次进京，面见皇上，就是要定计灭吴，统一天下。"羊祜为统一事业操碎了心，晋武帝非常感动，但又怕他累坏身体，便劝他去休息，自己和张华共商灭吴大计。

过了几天，张华向晋武帝详细报告了羊祜的灭吴方略。晋武帝很高兴，准备派羊祜抱病领兵出征，羊祜辞谢说："灭吴虽是臣的愿望，但臣有病在身，不便带兵。杜预可以担任灭吴大军的统帅。"

晋武帝接受了他的建议，拜杜预为平东将军。杜预是员儒将，足智多谋。他满腹学问，出谋定计往往出人意外，因此，时人誉其为"杜武库"。

正当杜预接受任务，招集兵马、准备粮草的时候，羊祜病情恶化，于这年十一月与世长辞了。

羊祜没有为子孙留下任何遗产。两年前，他的女婿曾经劝他置备一些产业，以便传给子孙，他说："一个人应当大公无私，如果整天为私产打算，就会忘记国家大事的。"

荆州百姓接到噩耗，无不痛哭，为他在岘山树碑立庙，四时祭祀。

这时，老将王濬已经 70 多岁了，深感时不我待，特地写了一

篇真切动人的奏章，要求伐吴。他说："吴主孙皓残暴荒淫，正是伐吴大好时机。老臣奉旨造船，已有 7 年之久，因长期闲置不用，有的船已经朽烂。老臣年过 70，来日无多。万一吴国贤主即位，发愤图强，则我悔之晚矣。"

这时，杜预也上表申请伐吴，张华也一再劝晋武帝及早兴兵。最后，晋武帝终于下了伐吴的决心。

随后，晋武帝派大将杜预率领大军，兵分六路攻打吴国。280年，西晋灭掉吴国，统一全国。

羊祜的心愿终于达成了。

华歆救人救到底

> 不是不能见义，怕的是见义而不勇为。
>
> ——谢觉哉

华歆和王朗同是汉末三国时期的人。一次战乱中，他们两人被追兵追到了长江边。慌乱中，他们找到了一条船。正要开船时，岸边又跑来了一个呼喊求救的人，也想搭乘这条船逃往对岸。华歆看到这个情景，为难起来，在一边沉默不语。王朗见他犹豫不决，也不好开口。

追兵越来越近了。王朗着急了，忙对华歆说："就让他搭船吧，正好船上还有空地方，为什么不帮他一把呢？"就这样，那人与华歆、王朗同乘一条船逃往对岸。

船行到江中心时，追兵已经赶到岸边。他们看见了华歆和王朗的船，便纷纷泅渡追赶。泅水的士兵离行船越来越近，划船的艄公已经累得精疲力尽，船的速度越来越慢了。王朗见此情景，开始慌了，打算赶一同逃难的那人下船。华歆连忙阻止王朗说："我当初之所以迟疑，正是怕出现这样的情况。我们既然已经答应人家同船逃难，又怎么能中途丢弃人家呢？"王朗无言以对，只好照华歆的话办。

追兵泅到江心渐渐累了，泅水速度便慢了下来，与华歆他们的距离又逐渐拉开了。就这样，行船顺利地到达对岸，华歆、王朗及那人摆脱了追兵，顺利地逃出了虎口。这件事传开后，人们都赞扬华歆办事讲信用，言行一致，在任何情况下都不变卦。

孔明择偶

> 对于事实问题的健全的判断是一切德行的真正基础。
>
> ——夸美纽斯

诸葛亮字孔明，年轻时娶黄承彦的丑女为妻，时人很不理解，甚至嘲笑道："莫作孔明择妇，正得阿承丑女。"

诸葛亮为什么要娶丑女为妻，说来还有一段动人的故事呢。

据说，诸葛亮年轻时博学多才，风姿翩翩，躬耕陇亩，淡泊度日。不少人家纷纷遣媒登门，愿求他为婿。可是即便姑娘风姿绰约，容貌绝伦，他都婉言谢绝了。

诸葛亮年龄渐大，大家都为他担心不已。一天，有人问他：

"不少人家来说亲，你总是东推西阻的。唉！时光不等人，可不能再拖了，你究竟要什么样的姑娘才称心？应该早对大家说呀！"

诸葛亮恭敬地回答道："重貌不重德是世俗之见，女子若无才德，即使貌若天仙，我也是不感兴趣的。"

此人劝道："才貌双全的女子，不易得到啊！你年龄已大，该迁就些才是。"

诸葛亮答道："终身大事，不宜马虎。"

旁边另一人说道："那你就去娶一个丑八怪吧！"

诸葛亮仍恭顺而又坚决地说："如果她貌丑心良，能助我实现胸中大志，我是愿意娶她为妻的。"

诸葛亮的话，不知怎的，很快在邻里中传开了，不久便传到了沔（miǎn）阳名士黄承彦的耳里。黄承彦十分高兴，一天，他带着书僮，亲赴隆中拜访诸葛亮。

诸葛亮将黄承彦请进茅庐。寒暄过后，黄承彦开门见山地说：

"久闻先生博学多才，择配不拘于世俗之见，故不揣冒昧，特地登门，愿将小女许配给先生。"

不等诸葛亮说话，黄承彦继续说道："小女虽然貌丑，可自小由老朽抚育，略知诗书，颇识大义。先生志大才高，值此乱世，必有一番建树。若小女能有幸侍奉先生，日后定能成为先生的贤德内助。"

诸葛亮听了，心中便有了几分意思。

随后，黄承彦便邀诸葛亮到沔阳家里一行。诸葛亮到黄宅后，得与黄家姑娘相遇，倾谈良久，十分投机。虽然黄家姑娘发黄肤黑，却聪慧而有志节，真是一位难得的姑娘。诸葛亮心中十分欢喜，就定下了这门亲事。

黄家姑娘与诸葛亮结婚后，勤俭持家，对丈夫体贴入微，使诸葛亮能专心致志地从事政治、军事及科技研究，并在后来辅佐刘备联孙抗曹、建立蜀国的斗争中建立了不朽的功勋。

荀巨伯信义退兵

> 有疑问的时候，最好是说实话。
>
> ——马克·吐温

故事发生在东汉时期。

据说，有一年边关的一个小城遭到了敌兵的入侵，硝烟弥漫，马蹄声声，城外郊野一片喊杀声。城里的百姓都慌忙地往城外逃去。

这时，偏有一个人背着包袱，提着箱子，从城外往城里跑。人们看了都觉得奇怪，一个劲儿地朝他喊："喂，你还要不要命了？你这是赶着去送死啊！"这个往城里跑的怪人名叫荀巨伯，他得知朋友生了重病，就不顾一切地前去探望。

这时，荀巨伯的朋友正孤身躺在床上，目光呆滞。忽然，他在恍惚中听到有人在叫他的名字，他以为是幻觉，因为这时候还会有谁到这里来呢？

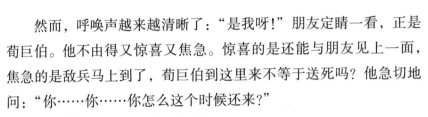

然而，呼唤声越来越清晰了："是我呀！"朋友定睛一看，正是荀巨伯。他不由得又惊喜又焦急。惊喜的是还能与朋友见上一面，焦急的是敌兵马上到了，荀巨伯到这里来不等于送死吗？他急切地问："你……你……你怎么这个时候还来？"

"我来探望你呀！"荀巨伯说。

朋友更急了，说："眼看敌兵就要进城了，你不逃命，到我这里来干什么？我是将死之人，还探望什么？"

"正因为你重病在身，才更需要我来照顾你呀！"荀巨伯义不容辞地说。

这时，街上的喧嚣声越来越近了。显然，敌兵已经进城。

正在这时，一伙士兵手持武器闯进门来。他们见荀巨伯正在护理病人，感到十分惊讶，因为他们一路杀来，城里的人几乎都跑光了。

领兵的将士问荀巨伯："你这家伙怎么还在这里？难道你不怕死？"

荀巨伯坦然回答："我的朋友病了，我不能扔下他不管。"

"你这小子还真够义气的。"领兵的将士说道。

荀巨伯大义凛然地说："为人之本，要重情义而轻利益。虽然眼下我的处境危险，可是我的朋友患了重病，如果我丢下他不管，只顾自己逃命，我便成了无情无义之人。我既然答应要照顾朋友，那就不管是砍是杀，我都在所不惜。"

领兵的将士听了这番话，顿时惊呆了，举着刀的手渐渐软了下来。他转身对士兵们下令："走，走！退兵，退兵！"

"退兵？为什么？"众兵并不理解。

"退兵！"领兵的将士斩钉截铁地说，"我们是来到一个信义之都了。"士兵们听了纷纷撤退。

就这样，荀巨伯以他高尚的人格和信义震慑了对方，保护了朋友，也保护了自己。

百丈禅师以身作则

百丈禅师，俗姓王，福建长乐人。他承继开创丛林的马祖道一禅师的衣钵以后，创立了一套极有系统的丛林规矩——《百丈清规》，所谓"马祖创丛林，百丈立清规"，即是此意。百丈禅师倡导"一日不作，一日不食"的农禅生活。他曾经也遇到过许多困难，因为佛教一向以戒为规范的生活，而百丈禅师改进制度，以农禅为生活，因此有人批评他为外道。但百丈禅师不为所动，依然以身作则，终日带着弟子们劳作。他每日除了领众弟子修行外，必亲执劳役，勤苦工作，自食其力，对于平常的琐碎事务，尤不肯假手他人。

渐渐地，百丈禅师年纪大了，但他每日仍随众上山担柴、下田种地。农禅生活就是自耕自食的生活，弟子们不忍心让年迈的师父做这种粗重的工作，因此，大家恳请他不要随众出坡，但百丈禅师坚决地拒绝了。

光阴如箭，日月如梭，百丈禅师已 94 岁高龄了，但他还与弟子们一起不停地劳作。弟子中有人不忍看他太劳苦，就把他的工具藏了起来。百丈禅师早上起来，准备去田间劳作，发现工具不在了，便追问弟子们。弟子们佯装不知，都说不知道。百丈禅师没有工具，工作不成，便整整绝食一天，粒米未进。第二天、第三天，弟子们仍不拿出工具，百丈禅师又绝食了两天。弟子们见此招行不通，只好将工具还给了百丈禅师。百丈禅师这才重新吃饭了，因为他又可以回到田间去工作了。他对弟子们说："一日不作，一日不食。"

也正是百丈禅师的知行合一，身体力行，"一日不作，一日不食"的规矩才一代代流传下来，直至今日。

百丈禅师这种言行一致的精神，流传千古！

唐太宗诚写国史

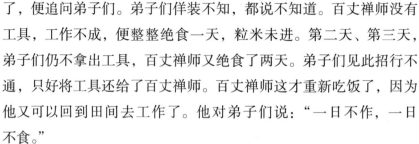

> 信任别人的人，比不信任别人的人，要犯较少的错误。
>
> ——卡乌尔

唐太宗即李世民，是李渊的次子。隋末，他劝李渊起兵反隋，李渊称帝后他被封为秦王，任尚书令。武德九年（626 年），他发动玄武门之变，被立为太子，承继帝位。

一天散朝后，唐太宗和宰相房玄龄闲谈。他们正说着什么事，唐太宗忽然问道："自古以来，为什么都不让本朝的君主看国史呢？"房玄龄回答说："因为一个正直尽责的史官记着君主的过失，如果本朝的君主看到国史中记着自己的过失，很容易恼羞成怒，惩办史官，那国史就很难撰写了。"

唐太宗不以为然地说："有什么写什么，这又没有做错，怎么会得罪君主呢？你去把国史拿来给朕看看，朕正想知道自己以前都犯了哪些错误，好拿来作为鉴戒呢。"

房玄龄这下可犯愁了，国史是由他负责监督撰写的，他清清楚楚地知道里面记载着玄武门之变。当时，唐太宗为了争夺皇位，杀死了兄弟李建成和李元吉。如果让唐太宗看到这一段记录，他能不生气吗？

因此，房玄龄心里非常不安。但是唐太宗已经下令了，又不能抗旨不遵。没办法，房玄龄只好硬着头皮、提心吊胆地把国史拿给唐太宗看。

唐太宗把国史仔仔细细地看了一遍后，对房玄龄说："其他都还好，只有玄武门之变这件事没有写清楚……"

房玄龄一听，暗暗着急，心想这下真的糟了，看来皇上果然对此处不满意。他正琢磨着该怎么回答，忽然听唐太宗又吩咐道："来人，去把史官叫来！"

房玄龄越发着急了，他正想为史官辩解，唐太宗已接着原先的话题说了下去："撰写国史是为了记录历史，给后人借鉴，所以一丝一毫也含糊不得，不能因为怕得罪君主就对真相有所隐瞒。朕要把当时的情形详细地给他们讲一讲，好让他们把遗漏的地方补上。"

房玄龄没有想到唐太宗会说出这样一番话来，真是又惊又喜。他由衷地说道："陛下心胸宽广，臣深感佩服！"

唐太宗认真地说："朕诛杀李建成和李元吉，也是迫不得已，这是关系国家安定的大事，没有必要隐瞒。记录历史就是要告诉后人真实的情况，这样才能够使他们从中吸取教训。朕是一国之君，更要作出表率。朕有责任将历史的真相告知后人。"

唐太宗的诚实赢得了满朝文武的尊敬。此后无论什么事,大臣们都敢于直言,朝廷上下逐渐形成了一种良好风气,从而出现了历史上的"贞观之治"。

刘庭式高中娶盲女

> 当一个人受到公众的信任时,他应当把自己看作为公众的财产。
>
> ——杰斐逊

北宋时,有个书生叫刘庭式,他出身于书香门第,自幼勤奋好学,诗文俱佳,为人又老实忠厚,乐于助人,乡亲们都很喜欢他。

刘庭式成年以后,听说同乡有个农民家的姑娘,性情温柔,貌美多才,便打破结亲必须门当户对的传统偏见,托媒前去求亲。姑娘的父母早知刘庭式为人忠厚,有德有才,慨然应允。姑娘得配意中人,也很高兴。

时值大比之年(科举考试举行的年份),刘庭式上京应考,求取功名。姑娘不避未过门之嫌,亲送至十里长亭,赠给刘庭式金钗一支,以作信物。两人依依难舍,洒泪而别。

第二年春天,刘庭式考中进士,出任外官。在他准备回乡完婚时,才知姑娘在他走后,突得大病,双目俱盲。女方家一向躬耕陇亩,靠女儿刺绣换取几个银钱,至此愈加穷困,见刘庭式高中为官，女儿又失明，不敢再提婚事。

姑娘有个妹妹，也是温柔敦厚，精于女工，貌美不亚其姐。刘庭式的叔父闻知消息，便对刘庭式说："婚姻乃终身大事，务宜慎重。今姑娘双目俱盲，难成连理，她有一妹，才貌俱佳，正可代其姐为配，两家仍为百年之好，不是很恰当吗？"

刘庭式笑道："赴试之前，夫妻名分已定，两情交好，已作白头之约。虽未拜堂成亲，我早已心许之矣。怎能因为她双目失明就违背我的初衷呢？"

说完后，刘庭式立即派人找来鼓乐，亲去女家迎亲。姑娘突闻门外鼓乐齐鸣，人声嘈杂，知是花轿临门，又惊又喜。刘庭式亲扶姑娘上轿，回府完婚。洞房之夜，夫妻对饮交杯酒，畅叙别后思念之情。刘庭式亲自把定情金钗为妻子插上。妻子见刘庭式温存体贴，富贵之后不嫌弃自己，感动得热泪直流。乡亲们知道这件事后，都热烈赞扬刘庭式品德高尚，不愧为君子。

大文学家苏轼在密州做官时，通判恰好是刘庭式。苏轼知道刘庭式高中娶盲女的事迹后，便问他道："别人大都是爱漂亮的姑娘，你为什么爱盲女呢？"

刘庭式回答说："我爱她，因为她是我的妻子。谁要是择配时只图年轻漂亮，那么一旦他妻子容色衰老，他的爱也就随之消失了。如果这样，那是很不道德的。"

苏轼听了，深受感动，连连点头。他觉得刘庭式是宋弘一类的人物，便写了一篇《书刘庭式事》来歌颂其美德。从此以后，刘庭式富贵不忘盲妻的动人事迹，更是天下皆知、人人赞扬了。

赵广拒作画被砍手指

北宋擅长画人物、鞍马和观音像的著名画家李公麟，作画时总是"立意为先"，造型准确，神态生动，对后代画家影响很大。

合肥赵广曾做过李公麟家的书童。李公麟作画时，常叫他侍奉左右，有时还给他讲讲画画技法。由于耳濡目染，日习月练，后来赵广也工于绘画了。他的画深得李公麟的精髓，尤其是人物、鞍马，几乎可以乱真。

宋高宗建炎年间，金兵南下，铁蹄所至，烧杀抢掠，惨绝人寰。赵广不幸被金兵俘虏，饱尝饥饿鞭笞的苦头。

后来，赵广工于绘画的事被金人知道了。一天，金军的一个小头目将赵广领到营中，叫他在毡椅上坐下。赵广不知为何叫他来，暗自惊疑。这时，那位小头目说道："听说你很会画画，我奉官长之令，要你画几张画，画好了大有好处。这对你来说，不过是举手之劳。你愿意么？"

赵广望了望小头目，默默坐着，不吭一声。

那个小头目以为赵广已默许，继续说道："你回去从我军所俘

表里如一
——守诺和践约的真谛

获的妇女中，选几个年轻貌美的画在纸上，马上交来。一定要画好，画得逼真！"

赵广仍不吭声，只默默坐着。

那个小头目见赵广不说话，才知他不愿画，便威胁说："不识抬举！你照我说的去画，定有你的好处。你画的美人像，只要我主太宗陛下满意，按画选美入宫，你就可以加官进爵，有享不尽的荣华富贵！如若不从，就给你一刀，送你回老家去！"边说边抽出雪亮的短刀，在赵广眼前晃了晃。

赵广一听，才知要叫他充当毛延寿的角色，不禁勃然大怒，高声骂道："我生为大宋子民，怎能助纣为虐，把我同胞姊妹奉献给野蛮荒淫的金酋呢？"

说完，赵广就再不讲什么了。他想："与其辗转奔波而死，不如就此挨上一刀，倒死得更有意义，更为痛快。"

金军小头目见赵广公然抗命，还大骂他们的首领，不由大怒，将刀一挥，直向赵广右手拇指砍去，霎时鲜血迸流，染红地面。赵广强忍剧痛，怒目而视，仍不吭一声。

那小头目见赵广正气凛然，威武不屈，只好无可奈何地骂道："杀了你太便宜你了。我只砍去你右手拇指，叫你一辈子也休想画画了。哈哈！"

他边骂边把赵广推出了营门，然后扬长而去。赵广则乘机逃离了金营。

其实，赵广平时习惯用左手画画。后来，他多画观音像，因为他希望观音菩萨能拯救北方沦陷区的同胞于水深火热之中。

杨氏训夫捍城

> 我愿证明，凡是行为善良与高尚的人，定能因之而担当患难。
>
> ——贝多芬

唐德宗建中四年（783 年），淮西节度使李希烈反叛，先攻陷汴州（今河南开封），接着聚兵东进，准备袭击陈地（今河南东南部）。当李希烈的军队沿途烧杀抢掠，快逼近通向陈地的一个县城——项城（今河南项城）时，项城县令李侃被吓破了胆，不但不整兵御敌，反而收拾金银细软，准备舍城弃民，偷偷溜走。

县令要潜逃的消息传开后，项城的百姓更是惊恐，城内城外一片混乱。

就在人心惶惶的时候，有一位深明大义的妇女站了出来，她就是县令李侃的妻子杨氏。杨氏异常愤慨地责问李侃道："大敌当前，你身为县令，理应保城杀贼，怎么可以不顾百姓的死活，私自逃生呢？你真愿做不忠不义的人而永遭后世唾骂么？"李侃竟为自己的丑行强辩："夫人，你只知其一不知其二呀！如今贼势猖獗，汴州尚且不保，何况我们这个小小的项城？三十六计，走为上策，我们还是避一避锋芒，以后再回来收拾残局吧！"杨氏闻言，勃然大怒，骂道："堂堂七尺男儿，朝廷的命官，竟讲出这样的话来！好吧，你执意要逃，那就把官印交出来！我虽然是一介女流，不能上马杀贼，但我决意与城共存亡，以身报国！"李侃被夫人的浩然正气所感动，他迟疑了一阵，红着脸说："夫人真是巾帼英雄，我远远不及，实惭愧之至。"说完就对天发誓，愿与杨氏一道卫城杀敌。

于是，李侃立即颁发文告，呼吁全县军民储粮备械，筑垒挖沟，万众一心，共御强寇。杨氏每日亲到前哨阵地，激励将士："项城的一山一水、一草一木都是我们祖祖辈辈千辛万苦开创出来的，我们祖先的坟墓，我们的房舍田地都在这里，真可谓生于斯、长于斯，能让贼子来践踏吗？"众人齐声说："决不能！"杨氏大声说道："现在贼人已逼近项城，你们说怎么办？"众人说道："奋勇杀贼，全力死守，寸步不让！"杨氏接着宣布："凡是能用石头瓦块打击敌人的，赏钱一千；能用刀箭杀敌的，赏钱一万。"

在杨氏的忠言感召下，项城军民个个摩拳擦掌、斗志昂扬。

不久，李希烈的叛军来到项城。杨氏亲自登上城楼，擂鼓助战。有一次，李侃被敌人的箭射伤，退回来养伤，杨氏不允，催他上阵。杨氏说："在这生死存亡之际，你身为县令怎能离开战场？就是死也要死在战场上，不能死在家里。"李侃听了大为感动，忍着伤痛又赴战场。鏖战数日，项城仍坚如磐石，而李希烈的叛军却死伤甚众，尸横遍野。最终，叛军失势，全部逃离，项城得以保全。

名实相符的邵清

明朝中叶，有一位政声颇著的官吏，他的名字叫邵清。邵清，字士廉，江宁（今江苏南京）人，他的为人与他的名字一样——清正廉明。

弘治五年（1492 年），邵清乡试中举，第二年授官江西德化（今江西九江）教谕。教谕虽然只是个不入流的小官，却掌管县里儒学生员的教诲之责。邵清不以职卑为轻，任教谕 9 年，以身作则，为人师表。他曾对学生们说："清白坚贞，可质神明，挽士风之陋，整学政之颓。"邵清自己正是以清白坚贞而获得海内清望。弘治十七年（1504 年），他以荐诣部试第一，授官监察御史。以教职而授监察御史，此前尚无先例。

邵清起初受命督办卢沟桥抽分（征收），他"痛革宿弊，奸无所容"。到正德初年，他又受命巡办长芦盐政，兼理河道。他核实余盐，革除弊政，抚恤灶丁，结果"势豪盐商，凛凛重足立，贪吏多弃印绶去"。

邵清办事刚直清正，论劾处置的多为权贵，又不肯稍有姑息，即使有人请托都御史出面讲情，他也不肯买账。邵清因此得罪了不少权贵富豪，为他们所嫉恨，不久便因宦官刘瑾和富商合谋诬陷，被置于午门下用刑。家里人看到，不由失声落泪。邵清却坦然受刑，并劝慰家人道："我非自败名节，以辱先人至此，况得失在我，何哭为！"此后，邵清被免职家居，他也乐得闭门谢客，每日在园中种菜，在书房教子，过着清贫的生活。

嘉靖初年，刘瑾被杀，邵清再度被起用为云南按察司金事。他不改当初清直之风，初至任，便为属官辩诬，又巡视诸寨，修城垣，召商贾，办了不少利民之事。

滇南一带，素以出珍奇闻名，邵清却一毫不取，所入只是分内的廪禄柴薪而已。入京办事时，他带去的只是行李图书，此外一无长物。邵清自己清正，对属下也约束极严，史书称他"下至胥吏舆台，一无所染"。

邵清晚年辞官家居，回到南京，连一处自己的房宅也没有，只好住在岳父家中。他一生为官清正，家无余资，以至贫困到有时候吃饭也困难了，常常到了中午家里还没能举火烧饭。可是邵清对此却毫不在意，过得十分坦然。

有一天，督学御史林有孚到邵清家中拜访，两人谈得非常投机。可是两人始终对坐而谈，也不见邵清的家人备茶待客，原来邵清家中已贫得无茗具可设。林御史知道后感叹而去。当时有人将朝廷没收的官田送给邵清，让他借以养家，邵清却断然推辞，不肯收受。他就这样清贫地度过了晚年。

邵清80岁那年，终于在贫困中病倒了。他语重心长地对儿子说道："为己谨独甚难，平生不敢受安逸，唯我与汝自知之。"又说，"兢兢业业，过了一生，将盖棺，务保全无过，瞑目时心始放下耳。"这便是他的遗言。几天后，邵清与世长辞。

徐九思的"三字经"

嘉靖十五年（1536 年），徐九思出任句容（今属江苏）知县。他靠着他的"三字经"——勤、俭、忍，治县有方，政绩卓著。

徐九思常说："勤则不隳，俭则不费，忍则不争，保身与家之道也。"为勉励自己为政清廉，力行勤俭。他在自己的居室里挂了一幅《青菜图》，图旁有两行警句："为民父母，不可不知此味；为吾赤子，不可令有此色。"他无论做什么，都以"勤、俭、忍"为座右铭。

徐九思的"勤"，除了勤于公务，洁身奉献，为当地人民兴利除弊之外，还勤于生产劳动。在他的县衙里，原有一个园圃，以往的知县一心盘剥百姓，园圃无人经营，早已荒芜。徐九思上任后，亲自率领衙内下属到园圃垦荒，开垦出来后又种上蔬菜瓜果，饲养了猪羊鸡鸭。园中有个水池，他也进行了修整，放养了鱼苗。这样，不仅节约了生活开支，还培养了吏佐们的劳动习惯。

徐九思的"俭"，能说的更多。当时，句容县的粮簿上有一笔"例金"，这笔钱是专供地方官使用的。徐九思到任后，毅然革除了这笔"例金"，他自己自然分文不得了。平日，他生活俭朴，"生平不嗜肉，唯啖菜"。那时的官员不分大小，宴请送礼成风，凡有官员路过此县，或上级官府的属员下县，地方官员就滥用公款大肆宴请，重礼接送，造成极大浪费。徐九思决心刹住这股歪风。一次，上级官府中的一些属员下到句容县，照例索取贿赂，但徐九思不予理睬。他们见鱼肉不成，便借酒装疯，谩骂县衙，咆哮公堂，徐九思毫不退让，令人将他们绑起来鞭打。上面府尹得知此事，很是恼怒，骂徐九思目中无人，但也无可奈何。自此以后，句容县的贪奢歪风大为收敛，衙内的公费开支有很多节余，也减轻了百姓的负担。徐九思又把省下的钱惠之于民。在句容县西部，有段路面年久失修，损坏严重，按照贯例这又要增收赋税来修补。但徐九思没向百姓收缴分文，便率人修好了路，整个工程的费用全部由节约下的公费支付。

徐九思的"忍"，简单说就是自己不争名、不争利，息事安贫。但在百姓利益受到侵害时，他则丝毫不忍，誓不与贪官污吏同流合污。

徐九思在句容县扶正祛邪，嫉恶扬善，而且厉行节约，勤政为民，百姓很爱戴他，为他建造了"九思祠"。后来，他因得罪权臣严嵩被罢官，居家 20 余年，仍不改勤俭。他为乡里立义田，兴义学，招抚流民，领头开荒，劝之种植，当地百姓人人景仰。当他 85 岁溘然离世时，句容百姓纷纷拜伏于"九思祠"前祭奠，这时距徐九思离开句容已 30 多年了。

汤显祖不受首辅之邀

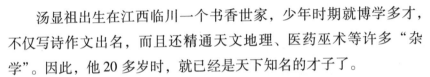

言而必有信，期而必当，天下之高行也。

——《淮南子》

表里如一
——守诺和践约的真谛

汤显祖出生在江西临川一个书香世家，少年时期就博学多才，不仅写诗作文出名，而且还精通天文地理、医药巫术等许多"杂学"。因此，他 20 多岁时，就已经是天下知名的才子了。

汤显祖年少时的老师叫罗汝芳，是当时著名的学者。由于他猛烈批判正统儒家学说，受到了很多人的攻击和迫害。可是，罗汝芳始终坚强不屈，保持着刚正诚实的性格。他的这种高尚情操对汤显祖影响很大，使他从少年时期起就懂得了做人要光明磊落，诚实正直，决不向恶势力低头的道理。

明神宗万历五年（1577 年），汤显祖前往京城参加科举会试。这一年，汤显祖 27 岁，正是风华正茂、英姿勃发的时候。他希望通过考试展露自己的才华，受到朝廷的重用，成就一番惊天动地的大事业。当时，汤显祖的文章和才华已经很出众了，大家都认为今年科举考试的前几名里，绝不会少了汤显祖的名字。

可是，没想到半路出了一场波折，汤显祖竟然名落孙山，没有被录取。

原来，在这次参加会试的考生中，有几位是当朝首辅张居正的儿子。首辅的公子要想考中当然不成问题，只要他们能写出过得去的文章，主考官哪敢给他们低分呀？可是，想要让天下人心服口服，就没那么容易了。于是，张居正的手下给他出了个主意：让几个有名望的考生和公子们一起考中，这样，别人就不敢不服气了。

张居正听了有点犹豫，怕这样做传出去不好。手下赶忙为他开脱道："大人不必迟疑，公子们的文章超凡脱俗，绝不比那些才子们差。我们这样做，其实也只是为了以防万一。"张居正想："这些有名的才子都是具有真才实学的人，将来肯定都是朝廷的大臣。我的儿子们能和他们一起考中，不仅可以让外人心服，而且这次结下了交情，日后做了官，他们也可以互相帮忙，在朝廷中站稳脚跟。这真是一举两得的事啊。"于是，张居正就派人到主考官那里问："这次的考生中，有才华出众的人吗？"

主考官回答说："没有比汤显祖和沈懋学更出众的了。他们俩简直可以与汉朝的晁错和贾谊相提并论呢。"

张居正听了很高兴，立即派人拿着自己的名帖去请汤、沈二人。

再说汤显祖和沈懋学，两人本来就是好友，这次又同来赶考，就经常在一起讨论文章。他们当然不知道张居正的用意，只是觉得首辅主动来请他们，有点不寻常。当时，考生常常在考前拜访考官和达官显贵，求得他们的赏识，以便日后得到提拔和帮助。可是从来只有考生求见做官的，没有做官的反来邀请考生的。

沈懋学接到邀请后十分高兴，汤显祖心里却有些疑惑，他对沈懋学说："听说这次考试，首辅的公子们也要参加，这时候他请咱们去，莫非有什么别的用意？"

"汤兄，你想得太多了。大概是有人向首辅提起过你我的名字，他爱惜人才，想让咱们投到他的门下罢了。再说首辅，那可是本朝大有作为的人，咱们做他的门生也不算委屈吧。"沈懋学不以为然地说。

"我还是不大想去。现在面临大考，这时候投在他的门下，将来考官录取时，必然会有所考量，手下留情。这样考中了太不光彩，惹天下正人君子的耻笑。"

"考前拜见门师，这是历来的传统，谁会耻笑我们呢?"

"要去你去，我汤显祖要凭自己的才学中举，决不依靠权贵!"汤显祖毅然决然地说。

两人话不投机，就这样不欢而散了。

张居正的手下听说汤显祖不愿来见，就干脆跑来直说:"张大人请你，是赏识你的才气。你要是知趣，这次说不定要取你做个状元呢!"

汤显祖一听就来气了，说道:"你回去对张大人说，汤显祖感谢大人赏识。可决不敢昧心去做假状元!"

结果，沈懋学自己去见了张居正。考试的结果当然不难猜出，沈懋学和张家公子们中举，而汤显祖落第了。

虽然遭受了这样的打击，但是汤显祖并不后悔，他认为自己问心无愧，对得起老师多年的教诲。

6年之后，汤显祖再次赴京赶考。还好，这次的主考官办事公正，没有受别人的影响。汤显祖终于凭自己的真才实学考中了进士。

表里如一
——守诺和践约的真谛

张岱自写墓志铭

张岱生活在明末清初，是著名的文学家和历史学家。

张岱出生在一个世代为官的贵族家庭里，从小过着纨绔子弟的奢华生活。那时候，他成天穿着华丽的衣衫，骑着高大的骏马；家中有娇妻美妾，身边跟着俊俏的男童；吃喝玩乐，走马打猎，他样样精通；逛戏园，买古董，玩花鸟，他全是行家。提起张岱，没有人不知道他是天下出了名的浪荡公子。

直到张岱快 50 岁时，平地一声惊雷震碎了他的美梦：清军的金戈铁马一路席卷而来，清朝逐步建立起对全国的统治。国破家亡的悲剧，终于使张岱清醒过来，他决心痛改前非，要做个堂堂正正的男子汉。

这时候，明朝的许多官员和文人看到明朝大势已去，都剃了头发，留起长辫，归顺清朝，做了新贵人。而张岱却发誓不做亡国奴，他披散着头发，独自一人跑进深山隐居。他昔日的一些朋友和熟人劝他归顺清朝，清朝的官员们听说了他的大名，也屡次派人来请他出山做官，他都坚决拒绝了。

张岱自己建了一座残破的茅屋，过着野人般的生活。他常常连着几天无米下锅，只得靠野菜度日。他听说一些朋友在反清的秘密斗争中牺牲的消息后，曾几次想要结束自己的生命，以示自己对故国的忠诚。但是，一件未完成的事业使他放弃了自杀的打算。原来，他正在编写一部记述明朝历史的传记著作，他想通过这部书来表达自己对故国的思念。后来，他终于饿着肚子写成了这部巨著，取名叫《石匮藏书》，是一部研究明朝历史和兴衰的重要文献。

在写作《石匮藏书》的同时，张岱还写了不少文章和诗歌。在这些作品中，他不仅抒发了国破家亡的悲愤，还沉痛地回顾了自己昔日的腐朽生活，表达了深深的悔恨之情。

张岱坚贞不屈的气节感动了很多人，大家渐渐改变了对他的看法，称赞他是一位有骨气的义士。后来，他的名气越来越大，人们纷纷私下传阅他的文章和诗歌，把他当作一位了不起的人物。但张岱自己却从没有原谅过自己过去的错误，仍然常常写文章检讨自己。

有一天，张岱的茅屋里来了位客人。这人姓施，是张岱多年不见的一位老友。张岱一见他，惊喜交加地喊道："施兄，原来你没有死！我听说你在嘉兴一带参加起义，已经战死了呀！"

来人笑了，说道："我隐姓埋名多年才躲过了追捕。现在老得不行了，临死前，怎么也得来看老朋友一眼啊！"他看了看张岱披散的长发，笑着说："怎么，你老兄还敢留着头发不剃呀，不怕朝廷砍你的头吗？"

张岱哈哈大笑道："我是山中一野人，与世隔绝，谁要让我留辫子，就让他把我的头也拿去！"

接着，张岱请朋友坐下，自己出去准备饭食招待他。

朋友随手拿起桌上一篇尚未写完的文稿，只见上面赫然写着"自为墓志铭"几个字，他连忙一行行读了下去。张岱在这篇给自己写的墓志铭中，又一次回顾了昔日的腐朽生活，深刻地检讨了自己的过错。

张岱进屋的时候，朋友正拍着桌子说："好文章啊！"他转过身来对张岱说："当年陶渊明、徐文长自写墓志铭，为后人仰慕，没想到老兄你也有这样坦荡的胸怀和气魄啊！"

"施兄过奖了，我哪里能与前代的伟人们相比，只不过是东施效颦罢了。"张岱淡淡地微笑着说。

"不过，有一点我不赞同。你不该在文中过分地自责，那都是多年前的往事了，年轻时的过错自己记一辈子就可以了，难道死后还要让后人去议论吗？你这些年做了这么多好事，现在人们都敬佩你的忠贞节义，你又何必败坏自己的清名呢？"朋友诚恳地劝说着张岱。

"施兄不知，我之所以苟且偷生活到今天，正是为了痛改前非，弥补昔日的过错。我时时提起过去，就是要让世人看到一个有罪之人是如何改过自新的。"

"说有罪太过了。你生于显贵之家，像你那样生活的官宦子弟并不少见。"

"施兄你想想看，那时国家已经风雨飘摇，官场一团腐败，而我辈却只知醉生梦死，不知发愤图强，这不是罪过又是什么？这些年来，我常常想，自己前半生有罪，如今所剩的光阴已经不多，唯一能够做的，就是把自己的短处统统揭发出来，让后人吸取教训。说实在的，写这篇墓志铭时，我也曾因为私心几次中途停笔。可后来一想到这些，还是准备继续写下去，一直写到死的那一天。"

说完，张岱举了举手中的酒壶，说："不提这些了！你看，这是我珍藏多年的好酒，今日咱们老友重逢，喝他个一醉方休可好？"

朋友从背囊中取出一只烧鸡，说："这是我路上向村民买的，你应该很久没闻到肉味了吧？咱们来个烧鸡美酒宴，看看能不能比得上你昔日的山珍海味！"

两人哈哈大笑，他们都好久没有这样痛快过了。

鲁迅的"早"

　　鲁迅出生在绍兴城内一个破落的封建家庭，原名周樟寿，后改名周树人，是中国著名的文学家、思想家和革命家。

　　鲁迅自幼聪颖勤奋。三味书屋是清末绍兴城里的一所著名的私塾，鲁迅十来岁时到三味书屋跟随寿镜吾老师学习，在那里攻读诗书近5年。鲁迅的座位，在书房的东北角，他使用的是一张硬木书桌。现在，这张木桌还放在鲁迅纪念馆里。

　　鲁迅13岁时，他的祖父因科场案被逮捕入狱。鲁迅的父亲长期患病，家里越来越穷，他经常到当铺卖掉家里值钱的东西，然后再到药店给父亲买药。有一次，父亲病重，鲁迅一大早就去当铺和药店，回来时老师已经开始上课了。老师见他迟到了，就生气地说："十几岁的学生，还睡懒觉，上课迟到。下次再迟到就别来了。"

　　鲁迅听了，点点头，没有为自己做任何辩解，低着头默默回到自己的座位上。

　　第二天，他早早来到学校，在书桌右上角用刀刻了一个"早"

字，心里暗暗地许下诺言：以后一定要早起，不能再迟到了。

以后的日子里，父亲的病更重了，鲁迅更频繁地到当铺去卖东西，然后到药店去买药，家里很多活都落在了鲁迅的肩上。他每天天不亮就早早起床，料理好家里的事情，然后再到当铺和药店，之后又急急忙忙地跑到私塾去上课。虽然家里的负担很重，可是他再也没有迟到过。

在那些艰苦的日子里，每当他气喘吁吁地准时跑进私塾，看到课桌上的"早"字时，他都会觉得很开心，心想："我又一次战胜了困难，又一次实现了自己的诺言，我一定加倍努力，做一个言行一致的人。"

后来父亲去世了，鲁迅继续在三味书屋读书，私塾里的寿镜吾老师是一位方正、质朴和博学的人。老师的为人和治学精神，那座让鲁迅留下深刻记忆的三味书屋和那张刻着"早"字的课桌，一直激励着鲁迅在人生路上继续前进。

鲁迅在 17 岁那年考入免费的江南水师学堂，后来又公费到日本留学，学习西医。1906 年，鲁迅放弃了医学，开始从事文学创作。他在北京大学、北京女子师范大学等学校教过课，成为中国新文学运动的倡导者。鲁迅是中国文坛的一位巨人，他的著作被收入《鲁迅全集》，被译成 50 多种文字在世界上广泛地传播。

闻一多说了就去做

> 在只能说谎与沉默两者之间来选择，沉默也是好的。
>
> ——何其芳

闻一多，原名闻家骅，湖北浠水（今属湖北黄冈）人，中国著名诗人、学者和民主战士。他自幼爱好古诗词和美术，1912年考入北京清华学校；1922年赴美学习美术；1925年回国，先后担任多所高等学校的教授。闻一多一生写有很多著作，后编辑为《闻一多全集》流传于世。

闻一多为人老实、谦虚，勇于探求真理。只要是方向认识清了，说了，他就会去做。他经常对人说："人家说了再做，我是做了再说。""人家说了也不一定做，我是做了也不一定说。"实际上，他是既说了，也做了，说了就做，言行一致。

1925年，他从美国回国。当时的中国军阀混战，民不聊生。他无比愤慨，于1926年写下诗歌《死水》，诗歌的最后一节，是这样写的：

"这是一沟绝望的死水，
这里断不是美的所在，

不如让给丑恶来开垦，

看它造出个什么世界。"

　　这首诗歌表达了他热切地追求光明世界和爱国的精神，并对当时中国的黑暗现实进行无情的揭露和批判。

　　20世纪30年代，闻一多想要深入研究中国民族文化，希望通过研究给中国开一济救济的文化药方。于是他从唐诗入手，目不窥园，足不下楼，饭有时都忘记吃，头发总是凌乱不堪，终于写成《唐诗杂论》。又经数年写成《楚辞校补》。因为他潜心贯注、心会神凝，人们戏称他为"何妨一下楼"的主人。

　　1943年后，他把主要精力转移到带领学生和群众争取民主的运动中，成为青年运动的领导人。他大声疾呼，反对国民党独裁政治，揭露国民党借美帝国主义援助发动反人民内战的阴谋。他在给友人的信里说："此身别无长处，既然有一颗心，有一张嘴，讲话定要讲个痛快！"他不但说，还冲在对敌斗争第一线。

　　1946年7月11日，爱国民主人士李公朴在昆明被国民党反动派暗杀了，黑暗恐怖气氛笼罩昆明。国民党特务布满全城每个角落，甚至给革命师生写恐吓信。闻一多也受到多次警告。怎么办呢？他与青年学生商量，决定举行群众集会，给敌人以打击，揭露敌人镇压人民的阴谋。开会那天，他不怕恫吓，不怕牺牲，登上讲台，发表了历史上有名的《最后一次讲演》，锋芒直指国民党反动派。他大义凛然、情绪激动地说：

　　"李先生究竟犯了什么罪，竟遭此毒手？

　　"大家都有一支笔，有一张嘴，有理由拿出来讲啊！有事实拿出来说啊！为什么要打要杀，而且又不敢光明正大地来打来杀，而偷偷摸摸地来暗杀！

　　"今天，这里有没有特务？你站出来！是好汉的站出来！

"你们杀死一个李公朴，会有千百万个李公朴站起来！

"正义是杀不完的，因为真理永远存在！

"我们不怕死，我们有牺牲的精神！我们随时像李先生一样，前脚跨出大门，后脚就不准备再跨进大门！"

他的讲话获得了一千多名与会青年很长时间的热烈鼓掌。

闻一多就是这样，说在前，冲杀在前，表现了一个爱国者言行的高度一致。他的讲话和革命行动，像投向国民党反动派的重磅炸弹，暴露了敌人反动、丑恶的嘴脸。1946 年 7 月 15 日，穷凶极恶的国民党特务把闻一多也暗杀了。虽然闻一多牺牲了，但他的无畏精神，激起了全国的群众斗争高潮，"反饥饿""反内战"的浪潮一浪高过一浪，敲响了国民党反动派的丧钟。